PAGRINDINĖ LIBANO KURIŲ KNYGA

Įvaldykite libanietiško maisto gaminimo meną naudodami 100 pagrindinių receptų

Stefa Petrauskienė

Autorių teisių medžiaga © 2024 m

Visos teisės saugomos

Jokia šios knygos dalis negali būti naudojama ar perduodama jokia forma ar bet kokiomis priemonėmis be tinkamo rašytinio leidėjo ir autorių teisių savininko sutikimo, išskyrus trumpas citatas, naudojamas apžvalgoje. Ši knyga neturėtų būti laikoma medicininių, teisinių ar kitų profesionalių patarimų pakaitalu.

TURINYS

TURINYS 3

ĮVADAS 7

PUSRYČIAI 8

   1. Manakish (Libano paplotėlis su Za'atar) 9
   2. Foul Moudammas (Fava pupelių pusryčiai) 11
   3. Labneh su alyvuogių aliejumi ir žolelėmis 13
   4. Balila (avinžirnių pusryčių dubuo) 15
   5. Kaak (Libano sezamo duonos žiedai) 17
   6. Zaatar Manakeesh 19
   7. Jebneh w'Jambon (Libano sūrio ir kumpio omletas) 22
   8. Akkawi sūrio ir medaus sumuštinis 24
   9. Šakšuka 26
  10. Labneh ir Za'atar Tostas 28

UŽKANDŽIAI IR UŽKARŠIAI 30

  11. Falafelis 31
  12. Artimųjų Rytų kibė 33
  13. Vynuogių lapai Aleppo 35
  14. Įdaryti svogūnai 37
  15. Humusas su pušies riešutais ir alyvuogių aliejumi 40
  16. Įdaryti Romano pipirai 42
  17. Įdaryti baklažanai su ėriena ir pušies riešutais 45
  18. Įdarytos bulvės 48
  19. Baba Ghanoush 51
  20. Labneh (jogurto sūrio užtepėlė) 53
  21. Za'atar ir alyvuogių aliejaus lašai 55
  22. Laban Bi Khiar (jogurto ir agurkų padažas) 57
  23. Sambousek (Libano mėsos pyragai) 59
  24. Libano sūris Fatayer 61
  25. Libano žagreniai kebabai 63
  26. Kofta su prieskoniais ėriena ir žolelėmis 65
  27. Libano pita traškučiai 67
  28. Ghraybeh (Libano trapios tešlos sausainiai) 69

PAGRINDINIS PATIEKALAS 71

29. Libano Bamia (Okra troškinys) 72
30. Libano ryžiai su vermišeliais (Roz bel Shaghriyeh) 74
31. Libano vištiena Shawarma 76
32. Falafel Pita sumuštinis su Tahini padažu 79
33. Aviena įdaryti svarainiai su granatais ir kalendra 81
34. Aukštyn kojom (Maqluba) 84
35. Jautiena ir svarainis 87
36. Baharat vištiena ir ryžiai 89
37. Skrudintos saldžiosios bulvės ir šviežios figos 92
38. Na'ama riebi 94
39. Skrudinti baklažanai su keptu svogūnu 96
40. Skrudintas sviestinis moliūgas su za'atar 98
41. Fava Bean Kuku 100
42. Citrininiai porų kotletai 103
43. Chermoula baklažanai su bulguru ir jogurtu 105
44. Keptas žiedinis kopūstas su tahini 108
45. Swiss Chard su Tahini, jogurtu ir pušies riešutais 110
46. Kofta B'siniyah 113
47. Sabih 116
48. Kviečių uogos, mangoldų ir granatų melasa 119
49. Balilah 121
50. Šafraniniai ryžiai su raugerškiais ir pistacijomis 123
51. Vištienos sofrito 126
52. Laukiniai ryžiai su avinžirniais ir serbentais 129
53. Sudegintas baklažanas su Granatų sėklos 132
54. Miežių rizotas su marinuota feta 134
55. Kepta vištiena su klementinomis 137
56. Mejadra 140
57. Panfried Sea Bass su Harissa ir Rose 143
58. Krevetės, šukutės ir moliuskai su pomidorais ir feta 146
59. Troškintos putpelės su abrikosais ir tamarindu 149
60. Kepta vištiena su freekeh 152
61. Vištiena su svogūnais ir kardamonu ryžiais 155
62. Jautienos kukuliai su Fava pupelėmis ir citrina 158
63. Avienos kukuliai su raugerškiais, jogurtu ir žolelėmis 161
64. Polpettonas 164
65. Avinėlio šavarma 167

66. Lašišos kepsniai Chraimeh padaže 170
67. Marinuota saldžiarūgštė žuvis 173

GARUOTAS IR SALOTOS 176

68. Batata Harra (aštrios libanietiškos bulvės) 177
69. Apverstas baklažanas 179
70. Skrudintos žiedinių kopūstų ir lazdyno riešutų salotos 181
71. Fricassee salotos 183
72. Vištienos ir žolelių salotos su šafranu 186
73. Šakninių daržovių salotas su labneh 189
74. Tabbouleh 191
75. Mišrios pupelių salotos 193
76. Kolrabi salotos 195
77. Prieskonių avinžirnių ir daržovių salotos 197
78. Aštrios burokėlių, porų ir graikinių riešutų salotos 200
79. Stambios cukinijų ir pomidorų salotos 203
80. Petražolių ir miežių salotos 206
81. Riebios salotos 208
82. Aštrios morkų salotos 210

SRIUBOS 212

83. Kresų ir avinžirnių sriuba su rožių vandeniu 213
84. Karšta jogurto ir miežių sriuba 216
85. Cannellini pupelių ir avienos sriuba 218
86. Jūros gėrybių ir pankolių sriuba 221
87. Pistacijų sriuba 224
88. Degintų baklažanų ir Mograbieh sriuba 227
89. Pomidorų ir raugo sriuba 230
90. Skaidri vištienos sriuba su knaidlach 232
91. Aštri freekeh sriuba su kotletais 235

DESERTAS 238

92. Sfouf (ciberžolės pyragas) 239
93. Mamoul su datulėmis 241
94. Baklava 244
95. Mafroukeh (Semolinos ir migdolų desertas) 246
96. Raudonųjų pipirų ir keptų kiaušinių galetai 248

97. Žolelių pyragas 251
98. Burekas 254
99. Ghraybeh 257
100. Mutabbaq 259

IŠVADA 261

ĮVADAS

Ahlaan wa sahlaan! Sveiki atvykę į „Pagrindinę libanietišką kulinarijos knygą" – tai raktas į Libano virtuvės meną su 100 pagrindinių receptų. Ši kulinarijos knyga – tai turtingo Libano kulinarinio paveldo šventė, kurioje pateikiama informacija apie ryškius skonius, aromatingus prieskonius ir senus metodus, kurie apibūdina Libano virtuvę. Prisijunkite prie mūsų kulinarinėje kelionėje, kuri įneš į jūsų virtuvę Libano esmę.

Įsivaizduokite stalą, papuoštą meze užtepėlėmis, kvapniais ryžių patiekalais ir skaniais desertais – visa tai įkvėpta įvairių Libano kraštovaizdžių ir kultūrinės įtakos. „Esminė libaniečių virtuvės knyga" – tai ne tik receptų rinkinys; Tai ingredientų, tradicijų ir istorijų, dėl kurių Libano virtuvė tampa skonių gobelenu, tyrinėjimas. Nesvarbu, ar turite libanietiškų šaknų, ar tiesiog vertinate drąsų ir aromatingą Artimųjų Rytų skonį, šie receptai yra sukurti taip, kad padėtų jums per Libano virtuvės subtilybes.

Nuo klasikinių mezze, pvz., humuso ir tabbouleh, iki firminių patiekalų, tokių kaip kibbeh ir shawarma, kiekvienas receptas yra šviežumo, drąsos ir svetingumo šventė, kuri apibūdina Libano patiekalus. Nesvarbu, ar rengiate šventinį susibūrimą, ar mėgaujatės jaukiu šeimos valgiu, ši kulinarijos knyga yra puikus šaltinis, padėsiantis ant jūsų stalo pateikti autentišką Libano skonį.

Prisijunkite prie mūsų, kai keliaujame per kulinarinius Beiruto kraštovaizdžius į Byblosą, kur kiekvienas kūrinys liudija gyvus ir įvairius skonius, dėl kurių Libano virtuvė yra puoselėjama kulinarijos tradicija. Taigi, užsiimkite prijuostę, įsijauskite į libanietiško svetingumo dvasią ir leiskitės į skanią kelionę per „Esminę libanietišką kulinarijos knygą".

PUSRYČIAI

1. Manakish (Libano paplotėlis su Za'atar)

INGRIDIENTAI:
- 2 1/2 stiklinės universalių miltų
- 1 valgomasis šaukštas cukraus
- 1 valgomasis šaukštas aktyvių sausų mielių
- 1 puodelis šilto vandens
- 1/4 puodelio alyvuogių aliejaus
- 2 šaukštai za'atar prieskonių mišinio

INSTRUKCIJOS:
a) Šiltame vandenyje ištirpinkite cukrų ir pabarstykite mieles. Palikite 5-10 minučių, kol suputos.
b) Dideliame dubenyje sumaišykite miltus ir alyvuogių aliejų, tada supilkite mielių mišinį. Minkykite, kol gausite vientisą tešlą. Uždenkite ir palikite valandą pakilti.
c) Įkaitinkite orkaitę iki 475 ° F (245 ° C).
d) Tešlą padalinkite į rutuliukus ir iškočiokite. Ant viršaus užtepkite za'atar ir kepkite iki auksinės rudos spalvos.

2.Foul Moudammas (Fava pupelių pusryčiai)

INGRIDIENTAI:

- 2 skardinės fava pupelių, nusausintos ir nuplautos
- 3 skiltelės česnako, susmulkintos
- 1/4 puodelio alyvuogių aliejaus
- 1 arbatinis šaukštelis kmynų
- Druska ir pipirai pagal skonį
- Šviežios citrinos sultys

INSTRUKCIJOS:

a) Keptuvėje pakepinkite česnaką alyvuogių aliejuje iki auksinės spalvos.
b) Įpilkite fava pupelių, kmynų, druskos ir pipirų. Virkite 5-7 minutes.
c) Dalį pupelių sutrinkite šakute. Prieš patiekdami ant viršaus išspauskite šviežių citrinų sulčių.

3.Labneh su alyvuogių aliejumi ir žolelėmis

INGRIDIENTAI:

- 2 puodeliai labneh (pertempto jogurto)
- 2 šaukštai alyvuogių aliejaus
- Šviežios žolelės (mėtos, petražolės), susmulkintos
- Druska pagal skonį

INSTRUKCIJOS:

a) Padėkite labneh ant lėkštės, centre sukurdami šulinį.
b) Apšlakstykite alyvuogių aliejumi ant labneh.
c) Ant viršaus pabarstykite šviežių žolelių ir druskos. Patiekite su pita duona.

4. Balila (avinžirnių pusryčių dubuo)

INGRIDIENTAI:

2 puodeliai virtų avinžirnių
2 skiltelės česnako, susmulkintos
1/4 puodelio alyvuogių aliejaus
1 arbatinis šaukštelis kmynų
Druska ir pipirai pagal skonį
Pjaustyti pomidorai ir petražolės papuošimui
INSTRUKCIJOS:

Keptuvėje pakepinkite česnaką alyvuogių aliejuje iki kvapo.
Suberkite virtus avinžirnius, kmynus, druską ir pipirus. Virkite 8-10 minučių.
Patiekite dubenėliuose, papuoštus smulkintais pomidorais ir petražolėmis.

5.Kaak (Libano sezamo duonos žiedai)

INGRIDIENTAI:

4 puodeliai universalių miltų
1 valgomasis šaukštas cukraus
1 valgomasis šaukštas aktyvių sausų mielių
1 1/2 stiklinės šilto vandens
1/4 puodelio alyvuogių aliejaus
Sezamo sėklos padengimui
INSTRUKCIJOS:

Šiltame vandenyje ištirpinkite cukrų ir pabarstykite mieles.
Palikite 5-10 minučių, kol suputos.
Dideliame dubenyje sumaišykite miltus ir alyvuogių aliejų, tada supilkite mielių mišinį. Minkykite, kol gausite vientisą tešlą.
Uždenkite ir palikite valandą pakilti.
Įkaitinkite orkaitę iki 375 ° F (190 ° C).
Iš tešlos suformuokite žiedus, apibarstykite sezamo sėklomis ir kepkite iki auksinės rudos spalvos.

6. Zaatar Manakeesh

INGRIDIENTAI:
Tešlai:

2 1/4 arbatinio šaukštelio (1 pakelis) aktyvių sausų mielių
1 puodelis šilto vandens
2 1/2 stiklinės universalių miltų
1 arbatinis šaukštelis cukraus
1 arbatinis šaukštelis druskos
2 šaukštai alyvuogių aliejaus
Za'atar papildymui:

1/4 puodelio za'atar prieskonių mišinio
3 šaukštai alyvuogių aliejaus

INSTRUKCIJOS:
Dubenyje šiltame vandenyje ištirpinkite cukrų. Pabarstykite mieles ant vandens ir leiskite pastovėti apie 5 minutes, kol suputos.
Dideliame dubenyje sumaišykite miltus ir druską. Centre padarykite duobutę ir supilkite mielių mišinį bei alyvuogių aliejų. Maišykite, kol susidarys tešla. Minkykite tešlą ant miltais pabarstyto paviršiaus apie 5-7 minutes, kol ji taps lygi ir elastinga. Tešlą sudėkite į riebalais išteptą dubenį, uždenkite drėgnu skudurėliu ir leiskite kilti šiltoje vietoje apie 1 valandą arba kol padvigubės.
Įkaitinkite orkaitę iki 475 ° F (245 ° C). Jei turite picos akmenį, įdėkite jį į orkaitę, kad įkaistų.
Mažame dubenyje sumaišykite za'atar prieskonių mišinį su alyvuogių aliejumi, kad susidarytų tepamas mišinys.
Pakilusią tešlą sumuškite ir padalinkite į mažesnes dalis. Kiekvieną dalį susukite į rutulį.
Ant miltais pabarstyto paviršiaus kiekvieną rutuliuką iškočiokite į plokščią apvalią formą (apie 8 colių skersmens).
Iškočiotą tešlą dėkite ant kepimo popieriumi išklotos skardos arba tiesiai ant picos akmens.
Gausiai ištepkite za'atar ir alyvuogių aliejaus mišinį ant kiekvieno tešlos rato paviršiaus, palikdami nedidelį kraštelį aplink kraštus.

Kepkite įkaitintoje orkaitėje apie 10-12 minučių arba kol kraštai taps auksinės spalvos.

Išimkite iš orkaitės ir leiskite Zaatar Manakeesh atvėsti keletą minučių.

Prieš patiekdami ant viršaus galite papildomai apšlakstyti alyvuogių aliejumi.

Kai kurie variantai apima pjaustytų pomidorų, alyvuogių ar sūrio uždėjimą ant viršaus prieš kepant.

Mėgaukitės savo naminiu Zaatar Manakeesh kaip kvapniu užkandžiu ar lengvu patiekalu!

7.Jebneh w'Jambon (Libano sūrio ir kumpio omletas)

INGRIDIENTAI:

4 kiaušiniai, sumušti
1/2 puodelio fetos sūrio, susmulkinto
1/4 puodelio virto kumpio, supjaustyto kubeliais
2 šaukštai alyvuogių aliejaus
Druska ir pipirai pagal skonį
Susmulkinti žalieji svogūnai papuošimui
INSTRUKCIJOS:

Keptuvėje ant vidutinės ugnies įkaitinkite alyvuogių aliejų.
Išplaktus kiaušinius sumaišykite su fetos sūriu, kumpiu, druska ir pipirais.
Supilkite mišinį į keptuvę ir kepkite, kol sustings kraštai.
Apverskite ir kepkite, kol visiškai sustings.
Prieš patiekdami papuoškite smulkintais žaliais svogūnais.

8. Akkawi sūrio ir medaus sumuštinis

INGRIDIENTAI:

Akkawi sūris, supjaustytas
Arabiška duona arba pita
Medus
Graikiniai riešutai, susmulkinti (nebūtina)
INSTRUKCIJOS:

Įdėkite Akkawi sūrio riekeles tarp arabiškos duonos arba pitos sluoksnių.
Skrudinkite sumuštinį, kol sūris išsilydys.
Ant lydyto sūrio apšlakstykite medumi.
Pasirinktinai pabarstykite kapotų graikinių riešutų, kad būtų traškesnis.

9.Šakšuka

INGRIDIENTAI:

- 2 šaukštai alyvuogių aliejaus
- 1 svogūnas, smulkiai pjaustytas
- 2 paprikos, supjaustytos kubeliais
- 3 skiltelės česnako, susmulkintos
- 1 skardinė (28 uncijos) susmulkintų pomidorų
- 1 arbatinis šaukštelis maltų kmynų
- 1 arbatinis šaukštelis maltos paprikos
- Druska ir pipirai pagal skonį
- 4-6 kiaušiniai
- Šviežios petražolės papuošimui

INSTRUKCIJOS:

a) Didelėje keptuvėje ant vidutinės ugnies įkaitinkite alyvuogių aliejų.
b) Pakepinkite svogūnus ir paprikas, kol suminkštės.
c) Suberkite susmulkintą česnaką ir kepkite dar minutę.
d) Supilkite susmulkintus pomidorus ir pagardinkite kmynais, paprika, druska ir pipirais. Troškinkite apie 10-15 minučių, kol padažas sutirštės.
e) Padaže padarykite nedidelius duobutes ir įmuškite kiaušinius.
f) Uždenkite keptuvę ir virkite, kol kiaušiniai iškeps pagal jūsų skonį.
g) Papuoškite šviežiomis petražolėmis ir patiekite su duona.

10. Labneh ir Za'atar Tostas

INGRIDIENTAI:
- Labneh (pertrintas jogurtas)
- Za'atar prieskonių mišinys
- Alyvuogių aliejus
- Pita duona arba traški duona

INSTRUKCIJOS:
a) Užtepkite daug labneh ant skrudintos pita duonos arba mėgstamos traškios duonos.
b) Pabarstykite za'atar prieskonių mišiniu.
c) Apšlakstykite alyvuogių aliejumi.
d) Patiekite kaip atvirą sumuštinį arba supjaustykite mažesniais gabalėliais.

UŽKANDŽIAI IR UŽKARŠIAI

11.Falafelis

INGRIDIENTAI:
1 puodelis džiovintų avinžirnių, mirkyti per naktį
1/2 svogūno, supjaustyto
2 skiltelės česnako, susmulkintos
1/4 puodelio šviežių petražolių, kapotų
1 šaukštelis maltų kmynų
1 šaukštelis maltos kalendros
1/2 šaukštelio kepimo sodos
Druska ir pipirai, pagal skonį
Augalinis aliejus (kepimui)

INSTRUKCIJOS:
Išmirkusius avinžirnius nusausinkite ir sudėkite į virtuvinį kombainą.
Suberkite svogūną, česnaką, petražoles, kmynus, kalendrą, soda, druską ir pipirus.
Apdorokite, kol mišinys taps grubus, bet gerai susimaišęs.
Suformuokite nedidelius paplotėlius ir kepkite įkaitintame aliejuje iki auksinės rudos spalvos.
Nusausinkite ant popierinių rankšluosčių ir patiekite su tahini padažu.

12. Artimųjų Rytų kibė

INGRIDIENTAI:

- 2/3 puodelio vidutinio stambaus bulguro
- 1 puodelis šviežių mėtų lapelių
- 1 didelis svogūnas, susmulkintas
- 1 arbatinis šaukštelis maltų kmynų
- 1 arbatinis šaukštelis maltų kvapiųjų pipirų
- 1 arbatinis šaukštelis druskos
- 1/2 arbatinio šaukštelio maltų juodųjų pipirų
- 1 1/2 svaro liesos maltos ėrienos
- 3 šaukštai alyvuogių aliejaus

INSTRUKCIJOS:

a) Įdėkite bulgurą į mikrobangų krosnelėje tinkamą dubenį ir užpilkite vandeniu iki bulguro viršaus.
b) Mikrobangų krosnelėje aukštoje temperatūroje 1–2 minutes, kol bulguras išbrinks ir vanduo susigers.
c) Trumpai pasukite ir palikite pastovėti, kol atvės.
d) Mėtų lapelius sudėkite į virtuvinio kombaino dubenį.
e) Palaipsniui per tiekimo vamzdelį suberkite susmulkintą svogūną, apdorokite, kol mėtos ir svogūnai bus smulkiai supjaustyti.
f) Mėtų-svogūnų mišinį įmaišykite į atvėsusį bulgurą.
g) Suberkite maltus kmynus, kvapnius pipirus, druską ir pipirus. Gerai ismaisyti.
h) Bulgur mišinį sumaišykite su malta ėriena, užtikrindami kruopštų maišymą.
i) Drėgnomis rankomis iš ėrienos mišinio suformuokite mažus delno dydžio paplotėlius.
j) Keptuvėje ant vidutinės ugnies įkaitinkite alyvuogių aliejų.
k) Sudėkite kibbeh paplotėlius ir kepkite, kol išorė taps aukso rudos spalvos, o vidurys iškeps, vieną kartą apverskite. Tai turėtų užtrukti apie 6 minutes iš kiekvienos pusės.
l) Patiekite kibbeh pyragaičius su tahini, sezamo sėklų pasta, kad gautumėte tradicinį Vidurio Rytų skonį.

13.Vynuogių lapai Aleppo

INGRIDIENTAI:
- 1 puodelis nevirtų baltųjų ryžių
- 2 svarai maltos ėrienos
- 1 valgomasis šaukštas maltų kvapiųjų pipirų
- 1 arbatinis šaukštelis druskos
- 1 arbatinis šaukštelis maltų juodųjų pipirų
- 2 (16 uncijų) stiklainiai vynuogių lapų, nusausinti ir nuplauti
- 6 skiltelės česnako, supjaustytos
- 1 puodelis citrinos sulčių
- 2 kalamata alyvuogės (nebūtina)

INSTRUKCIJOS:
a) Ryžius pamirkykite šaltame vandenyje ir nusausinkite.
b) Dideliame dubenyje sumaišykite maltą avieną, išmirkytus ir nusausintus ryžius, kvapiuosius pipirus, druską ir juoduosius pipirus. Maišykite, kol gerai susimaišys.
c) Paimkite vynuogių lapą ir įdėkite apie 1 šaukštą mėsos mišinio ant kiekvieno lapo vidurio.
d) Vieną kartą užlenkite lapą, apverskite kraštus iš abiejų pusių ir tada užsukite lapą.
e) Sukraukite susuktus vynuogių lapus į didelį puodą.
f) Tarp kiekvieno sluoksnio dėkite česnako skilteles.
g) Įpilkite tiek vandens, kad apsemtų suktinukus.
h) Puode esančius vynuogių lapus užpilkite citrinos sultimis.
i) Pasirinktinai į puodą įdėkite kalamata alyvuogių, kad gautumėte papildomo skonio.
j) Padėkite lėkštę ant vynuogių lapų suktinukų, kad jie būtų panardinti į vandenį.
k) Puodą užvirinkite, tada sumažinkite ugnį iki minimumo.
l) Uždenkite ir troškinkite 1 valandą ir 15 minučių.
m) Paragaukite ryžių, kad jie būtų paruošti. Vynuogių lapai gali stovėti keletą valandų, kad pagerintų skonį.
n) Patiekite Alepo vynuogių lapus ir mėgaukitės skaniais skoniais, gautais iš Alepo, Sirijos.

14. Įdaryti svogūnai

INGRIDIENTAI:
- 4 dideli svogūnai (iš viso 2 svarai / 900 g, nulupti) apie 1⅔ puodeliai / 400 ml daržovių sultinio
- 1½ šaukšto granatų melasos
- druskos ir šviežiai maltų juodųjų pipirų
- Įdaras
- 1½ šaukštelio alyvuogių aliejaus
- 1 puodelis / 150 g smulkiai pjaustytų askaloninių česnakų
- ½ puodelio / 100 g trumpagrūdžių ryžių
- ¼ puodelio / 35 g pušies riešutų, susmulkintų
- 2 šaukštai kapotų šviežių mėtų
- 2 šaukštai kapotų plokščialapių petražolių
- 2 šaukšteliai džiovintų mėtų
- 1 šaukštelis maltų kmynų
- ⅛ šaukštelio maltų gvazdikėlių
- ¼ šaukštelio maltų kvapiųjų pipirų
- ¾ šaukštelio druskos
- ½ šaukštelio šviežiai maltų juodųjų pipirų
- 4 citrinos skiltelės (nebūtina)

INSTRUKCIJOS:

a) Nulupkite ir nupjaukite apie 0,5 cm nuo svogūnų viršūnių ir uodegų, nupjautus svogūnus sudėkite į didelį puodą su dideliu kiekiu vandens, užvirinkite ir virkite 15 minučių. Nusausinkite ir atidėkite į šalį atvėsti.

b) Norėdami paruošti įdarą, vidutinėje keptuvėje ant vidutinės ugnies įkaitinkite alyvuogių aliejų ir suberkite askaloninius česnakus. Troškinkite 8 minutes, dažnai maišydami, tada sudėkite visus likusius ingredientus, išskyrus citrinos skilteles. Sumažinkite ugnį ir toliau virkite bei maišydami 10 minučių.

c) Mažu peiliu padarykite ilgą pjūvį nuo svogūno viršaus iki apačios, iki pat jo centro, kad kiekviename svogūno sluoksnyje būtų tik vienas pjūvis. Pradėkite švelniai atskirti svogūnų sluoksnius vieną po kito, kol pasieksite šerdį. Nesijaudinkite, jei kai kurie sluoksniai šiek tiek plyš per lupimą; vis tiek galite juos naudoti.

d) Laikykite svogūno sluoksnį viena suglausta ranka ir šaukštu dėkite apie 1 valgomąjį šaukštą ryžių mišinio į pusę svogūno, įdarą dėkite šalia angos galo. Nesigundykite jo užpildyti daugiau, nes jis turi būti gražiai ir patogiai suvyniotas. Tuščią svogūno pusę užlenkite ant įdarytos pusės ir sandariai susukite, kad ryžiai pasidengtų keliais svogūnų sluoksniais, o viduryje nebūtų oro. Įdėkite į vidutinę keptuvę, kuriai turite dangtį, siūle žemyn ir tęskite su likusiu svogūnų ir ryžių mišiniu. Svogūnus dėkite vienas šalia kito į keptuvę, kad neliktų vietos judėti. Užpildykite visas vietas neįdarytomis svogūno dalimis. Įpilkite tiek sultinio, kad svogūnai apsemtų tris ketvirtadalius kartu su granatų melasa, ir pagardinkite ¼ arbatinio šaukštelio druskos.

e) Uždenkite keptuvę ir virkite ant kuo mažesnės ugnies 1½–2 valandas, kol skystis išgaruos. Patiekite šiltą arba kambario temperatūros, jei norite, su citrinos skilteles.

15. Humusas su pušies riešutais ir alyvuogių aliejumi

INGRIDIENTAI:
- 1 skardinė (15 uncijų) avinžirnių, nusausinti ir nuplauti
- 1/4 puodelio tahini
- 1/4 puodelio alyvuogių aliejaus
- 2 skiltelės česnako, susmulkintos
- 1 citrinos sultys
- Druska pagal skonį
- Pušies riešutai ir papildomas alyvuogių aliejus papuošimui

INSTRUKCIJOS:
a) Virtuvės kombainu sumaišykite avinžirnius, tahini, alyvuogių aliejų, česnaką, citrinos sultis ir druską.
b) Ištrinkite iki vientisos masės.
c) Perkelkite į serviravimo dubenį, pašlakstykite papildomai alyvuogių aliejumi ir pabarstykite pušies riešutais.

16. Įdaryti Romano pipirai

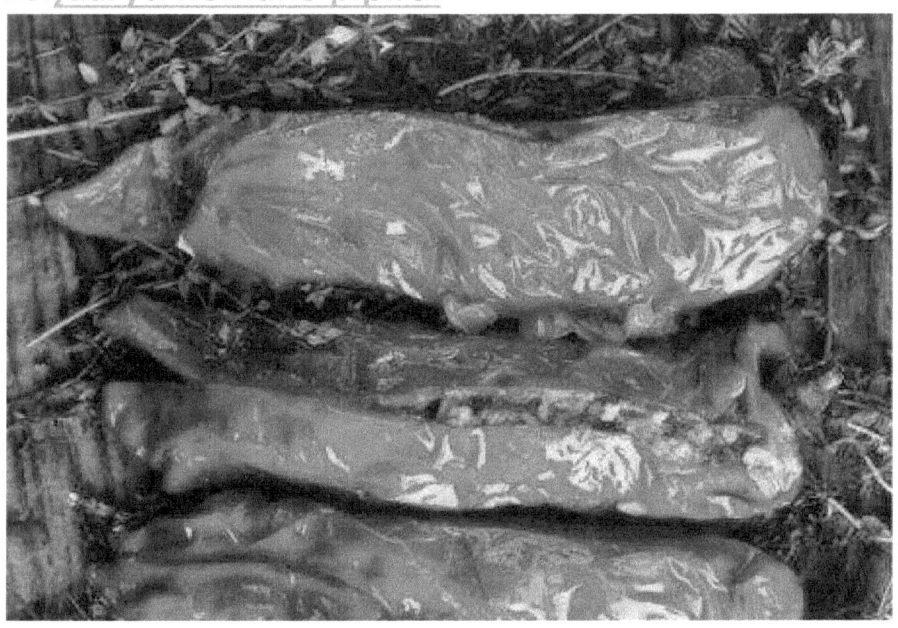

INGRIDIENTAI:
- 8 vidutinės Romano ar kitos saldžiosios paprikos
- 1 didelis pomidoras, stambiai pjaustytas (1 puodelis / iš viso 170 g)
- 2 vidutiniai svogūnai, stambiai pjaustyti (1⅔ puodeliai / iš viso 250 g)
- apie 2 puodeliai / 500 ml daržovių sultinio
- Įdaras
- ¾ puodelio / 140 g basmati ryžių
- 1½ šaukšto baharato prieskonių mišinio (pirkta parduotuvėje arba žr. receptą)
- ½ šaukštelio malto kardamono
- 2 šaukštai alyvuogių aliejaus
- 1 didelis svogūnas, smulkiai pjaustytas (1⅓ puodeliai / 200 g iš viso)
- 14 uncijų / 400 g maltos avienos
- 2½ šaukšto kapotų plokščialapių petražolių
- 2 šaukštai kapotų krapų
- 1½ šaukštelio džiovintų mėtų
- 1½ šaukštelio cukraus
- druskos ir šviežiai maltų juodųjų pipirų

INSTRUKCIJOS:

a) Pradėkite nuo įdaro. Sudėkite ryžius į puodą ir užpilkite lengvai pasūdytu vandeniu. Užvirinkite ir virkite 4 minutes. Nusausinkite, atvėsinkite po šaltu vandeniu ir atidėkite.

b) Sausai pakepinkite prieskonius keptuvėje. Supilkite alyvuogių aliejų ir svogūną ir kepkite apie 7 minutes, dažnai maišydami, kol svogūnas suminkštės. Supilkite tai kartu su ryžiais, mėsa, žolelėmis, cukrumi ir 1 arbatinį šaukštelį druskos į didelį maišymo dubenį. Rankomis viską gerai išmaišykite.

c) Pradėdami nuo kotelio galo, mažu peiliu kiekvieną pipirą išilgai įpjaukite tris ketvirtadalius žemyn, nepašalindami kotelio, taip sukurdami ilgą skylę. Per daug neatplėšdami pipirų, išimkite sėklas ir kiekvieną pipirą įdarykite vienodu mišinio kiekiu.

d) Supjaustytą pomidorą ir svogūną sudėkite į labai didelę keptuvę, kuriai turite sandariai užsidengiantį dangtį. Išdėliokite pipirus ant viršaus, uždarykite vienas kitą ir supilkite tiek sultinio, kad jis pakiltų 1 cm aukštyn nuo pipirų šonų. Pagardinkite ½ arbatinio šaukštelio druskos ir šiek tiek juodųjų pipirų. Uždenkite keptuvę dangčiu ir troškinkite ant kuo mažesnės ugnies valandą. Svarbu, kad įdaras būtų tik garuose, todėl dangtelis turi tvirtai priglusti; įsitikinkite, kad keptuvės apačioje visada yra šiek tiek skysčio. Paprikas patiekite šiltas, ne karštas arba kambario temperatūros.

17. Įdaryti baklažanai su ėriena ir pušies riešutais

INGRIDIENTAI:

- 4 vidutiniai baklažanai (apie 2½ svaro / 1,2 kg), perpjauti per pusę išilgai
- 6 šaukštai / 90 ml alyvuogių aliejaus
- 1½ šaukštelio maltų kmynų
- 1½ šaukštelio saldžiosios paprikos
- 1 valgomasis šaukštas malto cinamono
- 2 vidutiniai svogūnai (iš viso 12 uncijų / 340 g), smulkiai supjaustyti
- 1 svaras / 500 g maltos avienos
- 7 šaukštai / 50 g pušies riešutų
- ⅔ oz / 20 g plokščialapių petražolių, susmulkintų
- 2 šaukšteliai pomidorų pastos
- 3 šaukšteliai itin smulkaus cukraus
- ⅔ puodelio / 150 ml vandens
- 1½ šaukšto šviežiai spaustų citrinų sulčių
- 1 šaukštelis tamarindo pastos
- 4 cinamono lazdelės
- druskos ir šviežiai maltų juodųjų pipirų

INSTRUKCIJOS:

a) Įkaitinkite orkaitę iki 425°F / 220°C.
b) Baklažanų puseles odele į apačią sudėkite į kepimo skardą, kuri būtų pakankamai didelė, kad jos gerai tilptų. Minkštimą aptepkite 4 šaukštais alyvuogių aliejaus ir pagardinkite 1 arbatiniu šaukšteliu druskos ir daugybe juodųjų pipirų. Skrudinkite apie 20 minučių, kol taps auksinės rudos spalvos. Išimkite iš orkaitės ir leiskite šiek tiek atvėsti.
c) Kol baklažanai kepa, galite pradėti gaminti įdarą, įkaitindami likusius 2 šaukštus alyvuogių aliejaus didelėje keptuvėje. Sumaišykite kmynus, papriką ir maltą cinamoną ir pusę šio prieskonių mišinio sudėkite į keptuvę kartu su svogūnais. Virkite ant vidutinės ir stiprios ugnies apie 8 minutes, dažnai maišydami, prieš suberdami erieną, pušies riešutus, petražoles, pomidorų pastą, 1 arbatinį šaukštelį cukraus, 1 arbatinį šaukštelį druskos ir šiek tiek juodųjų pipirų. Kepkite toliau ir maišykite dar 8 minutes, kol mėsa iškeps.

d) Likusį prieskonių mišinį sudėkite į dubenį ir įpilkite vandens, citrinos sulčių, tamarindo, likusių 2 arbatinių šaukštelių cukraus, cinamono lazdelių ir ½ arbatinio šaukštelio druskos; gerai ismaisyti.
e) Sumažinkite orkaitės temperatūrą iki 375°F / 195°C. Supilkite prieskonių mišinį į baklažanų kepimo skardos dugną. Ant kiekvieno baklažano viršaus uždėkite ėrienos mišinio. Tvirtai uždenkite keptuvę aliuminio folija, grįžkite į orkaitę ir kepkite 1½ valandos, kol baklažanai turi būti visiškai minkšti, o padažas tirštas; du kartus kepimo metu nuimkite foliją ir baklažanus aptepkite padažu, įpilkite šiek tiek vandens, jei padažas išdžiūtų. Patiekite šiltą, ne karštą arba kambario temperatūros.

18. Įdarytos bulvės

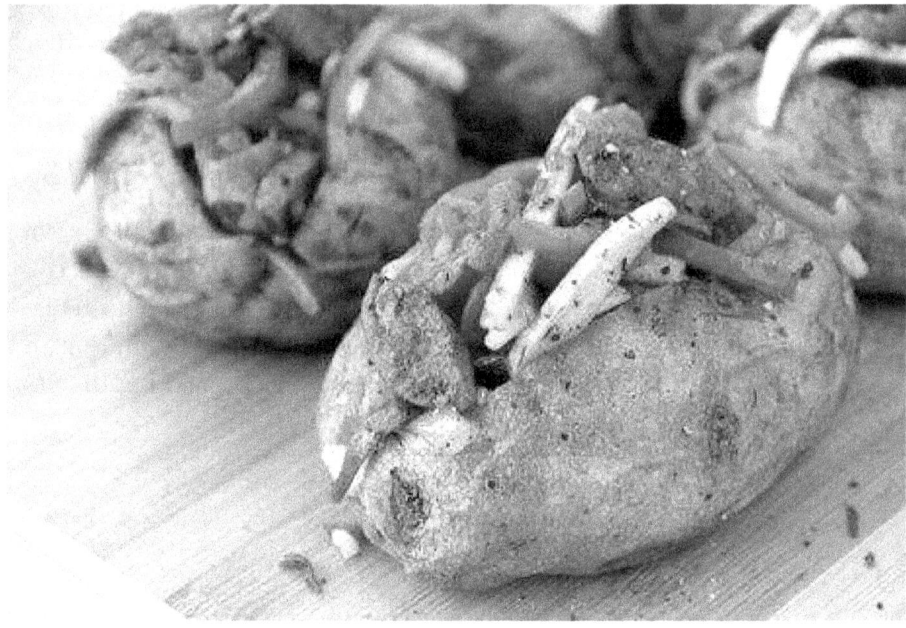

IKI 6

INGRIDIENTAI:

- 1 svaras / 500 g maltos jautienos
- apie 2 puodeliai / 200 g baltos duonos trupinių
- 1 vidutinio dydžio svogūnas, smulkiai pjaustytas (¾ puodelio / iš viso 120 g)
- 2 skiltelės česnako, susmulkintos
- ⅔ uncijos / 20 g plokščialapių petražolių, smulkiai pjaustytų
- 2 šaukštai čiobrelių lapelių, susmulkintų
- 1½ šaukštelio malto cinamono
- 2 dideli laisvai laikomi kiaušiniai, sumušti
- 3¼ svaro / 1,5 kg vidutinės Yukon Gold bulvės, maždaug 3¾ x 2¼ colio / 9 x 6 cm, nuluptos ir perpjautos per pusę išilgai
- 2 šaukštai kapotos kalendros
- druskos ir šviežiai maltų juodųjų pipirų

POMIDORŲ PADAŽAS

- 2 šaukštai alyvuogių aliejaus
- 5 skiltelės česnako, susmulkintos
- 1 vidutinio dydžio svogūnas, smulkiai pjaustytas (¾ puodelio / iš viso 120 g)
- 1½ salierų stiebelių, smulkiai pjaustytų (⅔ puodelio / iš viso 80 g)
- 1 nedidelė morka, nulupta ir smulkiai pjaustyta (½ puodelio / iš viso 70 g)
- 1 raudona čili, smulkiai pjaustyta
- 1½ šaukštelio maltų kmynų
- 1 šaukštelis maltų kvapiųjų pipirų
- žiupsnelis rūkytos paprikos
- 1½ šaukštelio saldžiosios paprikos
- 1 šaukštelis kmynų sėklų, sutrintų grūstuve ar prieskonių trintuvu
- viena 28 uncijų / 800 g skardinė pjaustytų pomidorų
- 1 valgomasis šaukštas tamarindo pastos
- 1½ šaukštelio labai smulkaus cukraus

INSTRUKCIJOS:

a) Pradėkite nuo pomidorų padažo. Plačiausioje turimoje keptuvėje įkaitinkite alyvuogių aliejų; jam taip pat reikės dangčio. Sudėkite česnaką, svogūną, salierą, morką ir čili ir troškinkite ant silpnos ugnies 10 minučių, kol daržovės suminkštės. Suberkite prieskonius, gerai išmaišykite ir virkite 2–3 minutes. Suberkite pjaustytus pomidorus, tamarindą, cukrų, ½ arbatinio šaukštelio druskos, šiek tiek juodųjų pipirų ir užvirinkite. Nukelkite nuo ugnies.

b) Norėdami pagaminti įdarytas bulves, į maišytuvą sudėkite jautieną, duonos trupinius, svogūną, česnaką, petražoles, čiobrelius, cinamoną, 1 arbatinį šaukštelį druskos, šiek tiek juodųjų pipirų ir kiaušinius. Rankomis gerai sumaišykite visus ingredientus.

c) Kiekvieną bulvės pusę ištuštinkite meliono kamuoliuku arba arbatiniu šaukšteliu, kad gautumėte ⅔ colio / 1,5 cm storio lukštą. Įpilkite mėsos mišinio į kiekvieną ertmę, rankomis stumkite ją žemyn, kad ji visiškai užpildytų bulvę. Atsargiai įspauskite visas bulves į pomidorų padažą, kad jos būtų arti viena kitos, mėsos įdaras būtų nukreiptas į viršų. Įpilkite apie 1¼ puodelio / 300 ml vandens arba tiek, kad pyragai beveik apsemtų padažą, lengvai užvirkite, uždenkite keptuvę dangčiu ir palikite lėtai virti bent 1 valandą ar net ilgiau, kol padažas pasidarys. yra tiršta, o bulvės labai minkštos. Jei padažas nepakankamai sutirštėjo, nuimkite dangtį ir sumažinkite 5–10 minučių. Patiekite karštą arba šiltą, papuoštą kalendra.

19. Baba Ghanoush

INGRIDIENTAI:
- 4 dideli itališki baklažanai
- 2 skiltelės trinto česnako
- 2 arbatiniai šaukšteliai košerinės druskos arba pagal skonį
- 1 citrina, išspausta sultimis arba daugiau pagal skonį
- 3 šaukštai tahini arba daugiau pagal skonį
- 3 šaukštai aukščiausios kokybės pirmojo spaudimo alyvuogių aliejaus
- 2 šaukštai paprasto graikiško jogurto
- 1 žiupsnelis kajeno pipirų arba pagal skonį
- 1 lapelis šviežios mėtų, maltos (nebūtina)
- 2 šaukštai kapotų šviežių itališkų petražolių

INSTRUKCIJOS:
a) Įkaitinkite lauko kepsninę, kad pasiektumėte vidutinę ir aukštą kaitrą, ir groteles lengvai patepkite aliejumi.
b) Baklažano odelės paviršių kelis kartus pradurkite peilio galu.
c) Baklažanus dėkite tiesiai ant grotelių. Kol oda sudegs, dažnai pasukite žnyplėmis.
d) Virkite, kol baklažanai subyrės ir bus labai minkšti, maždaug 25–30 minučių.
e) Perkelkite į dubenį, sandariai uždenkite aliuminio folija ir leiskite atvėsti apie 15 minučių.
f) Kai baklažanai pakankamai atvės, kad juos būtų galima tvarkyti, perpjaukite juos per pusę ir išskobkite minkštimą į kiaurasamtį, padėtą virš dubens.
g) Nusausinkite 5 ar 10 minučių.
h) Perkelkite baklažanus į maišymo dubenį ir suberkite susmulkintą česnaką ir druską.
i) Sutrinkite iki kreminės masės, bet šiek tiek konsistencijos, apie 5 minutes.
j) Išplakite citrinos sultis, tahini, alyvuogių aliejų ir kajeno pipirus.
k) Įmaišykite jogurtą.
l) Uždenkite dubenį plastikine plėvele ir laikykite šaldytuve, kol visiškai atšals, maždaug 3 ar 4 valandas.
m) Paragaukite, kad sureguliuotumėte prieskonius.
n) Prieš patiekdami įmaišykite maltas mėtas ir kapotas petražoles.

20.Labneh (jogurto sūrio užtepėlė)

INGRIDIENTAI:
- 2 puodeliai natūralaus jogurto
- 1/2 arbatinio šaukštelio druskos
- Alyvuogių aliejus apipurškimui
- Šviežios žolelės (pvz., mėtos ar čiobreliai), susmulkintos

INSTRUKCIJOS:
a) Jogurtą sumaišykite su druska ir sudėkite į marle išklotą sietelį virš dubens.
b) Leiskite jogurtui nuvarvėti šaldytuve mažiausiai 24 valandas arba tol, kol jis pasieks tirštą, grietinėlės sūrio konsistenciją.
c) Perkelkite labneh į serviravimo lėkštę, apšlakstykite alyvuogių aliejumi ir pabarstykite šviežiomis žolelėmis.

21.Za'atar ir alyvuogių aliejaus lašai

INGRIDIENTAI:
- 3 šaukštai za'atar prieskonių mišinio
- 1/4 puodelio alyvuogių aliejaus
- Pita duona patiekimui

INSTRUKCIJOS:
a) Mažame dubenyje sumaišykite za'atar su alyvuogių aliejumi, kad susidarytų tiršta pasta.
b) Patiekite kaip pamirkymą su šviežia arba skrudinta pita duona.

22.Laban Bi Khiar (jogurto ir agurkų padažas)

INGRIDIENTAI:
- 1 puodelis graikiško jogurto
- 1 agurkas, smulkiai pjaustytas
- 2 skiltelės česnako, susmulkintos
- 2 šaukštai šviežių mėtų, kapotų
- Druska ir pipirai pagal skonį
- Alyvuogių aliejus apipurškimui

INSTRUKCIJOS:
a) Dubenyje sumaišykite graikišką jogurtą, kubeliais pjaustytą agurką, smulkintą česnaką ir kapotas mėtas.
b) Pagardinkite druska ir pipirais.
c) Prieš patiekdami apšlakstykite alyvuogių aliejumi.

23.Sambousek (Libano mėsos pyragai)

INGRIDIENTAI:

1 svaras maltos avienos arba jautienos
1 svogūnas, smulkiai pjaustytas
1/4 puodelio pušies riešutų
2 šaukštai alyvuogių aliejaus
1 šaukštelis maltų kvapiųjų pipirų
Druska ir pipirai, pagal skonį
1 pakuotė filo tešlos
Lydytas sviestas tepimui

INSTRUKCIJOS:

Keptuvėje pakepinkite svogūnus alyvuogių aliejuje iki skaidrumo.
Sudėkite maltą mėsą ir kepkite, kol apskrus.
Įmaišykite pušies riešutus, kvapnius pipirus, druską ir pipirus.
Leiskite mišiniui atvėsti.
Įkaitinkite orkaitę iki 350°F (180°C).
Filo tešlą supjaustykite kvadratėliais, ant kiekvieno kvadrato šaukštu supilkite mėsos mišinį ir sulenkite į trikampį.
Dėkite ant kepimo skardos, aptepkite tirpintu sviestu ir kepkite iki auksinės rudos spalvos.

24. Libano sūris Fatayer

INGRIDIENTAI:
2 stiklinės fetos sūrio, sutrupinto
1 puodelis rikotos sūrio
1 kiaušinis
1/4 puodelio kapotų šviežių mėtų
1/4 puodelio kapotų šviežių petražolių
1 pakelis picos tešlos arba naminės tešlos
INSTRUKCIJOS:
Įkaitinkite orkaitę iki 375 ° F (190 ° C).
Dubenyje sumaišykite trupintą fetos sūrį, rikotos sūrį, kiaušinį, kapotas mėtas ir kapotas petražoles. Gerai išmaišykite, kol visi ingredientai gerai susimaišys.
Ant lengvai miltais pabarstyto paviršiaus iškočiokite picos tešlą. Apvaliu pjaustytuvu arba stikline iš tešlos išpjaukite maždaug 10 cm (4 colių) skersmens apskritimus.
Į kiekvieno tešlos apskritimo centrą įdėkite po šaukštą sūrio mišinio.
Tešlos kraštus užlenkite ant įdaro, sukurdami trikampio arba valties formą. Suspauskite kraštus, kad tešla užsandarytų.
Užpildytą tešlą dėkite ant kepimo popieriumi išklotos skardos.
Kartokite procesą, kol visi tešlos apskritimai bus užpildyti.
Kepkite įkaitintoje orkaitėje 15-20 minučių arba tol, kol kepsninės taps auksinės rudos spalvos.
Išimkite iš orkaitės ir prieš patiekdami leiskite jiems keletą minučių atvėsti.
Fatayer viršūnes galite patepti trupučiu alyvuogių aliejaus, kad padidintumėte blizgesį.

25.Libano žagreniai kebabai

INGRIDIENTAI:
1 svaras (450 g) liesos maltos jautienos arba ėrienos
1 didelis svogūnas, smulkiai sutarkuotas
2 šaukštai alyvuogių aliejaus
2 šaukštai malto žagrenio
1 arbatinis šaukštelis maltų kmynų
1 arbatinis šaukštelis maltos kalendros
1 arbatinis šaukštelis maltos paprikos
1 arbatinis šaukštelis druskos
1/2 arbatinio šaukštelio juodųjų pipirų
2 skiltelės česnako, susmulkintos
1/4 puodelio kapotų šviežių petražolių
Iešmeliai, pamirkyti vandenyje, jei mediniai

INSTRUKCIJOS:
Dideliame dubenyje sumaišykite maltą mėsą, tarkuotą svogūną, alyvuogių aliejų, maltą žagrenį, kmynus, kalendras, papriką, druską, juoduosius pipirus, maltą česnaką ir kapotas petražoles. Kruopščiai sumaišykite ingredientus, kol gerai susimaišys. Šiam veiksmui dažnai naudinga naudoti rankas.

Uždenkite dubenį plastikine plėvele ir palikite mišinį marinuotis šaldytuve bent 1 valandą, kad skoniai susimaišytų.

Įkaitinkite grilį arba kepsninę iki vidutinės-aukštos ugnies.

Paimkite saują mėsos mišinio ir formuokite ant iešmelių, formuodami pailgus kebabus.

Kepkite kebabus ant grotelių apie 10-15 minučių, retkarčiais apversdami, kol jie iškeps ir gražiai apskrus išorėje.

Patiekite žagrenių kebabus su mėgstamais šonais, pavyzdžiui, pita duona, humusu ar šviežiomis salotomis.

Pasirinktinai prieš patiekdami kebabus išspauskite šiek tiek citrinos sulčių, kad gautumėte papildomo skonio.

26.Kofta su prieskoniais ėriena ir žolelėmis

INGRIDIENTAI:
1 svaro (450 g) maltos avienos
1 nedidelis svogūnas, smulkiai sutarkuotas
2 skiltelės česnako, susmulkintos
1/4 puodelio šviežių mėtų, smulkiai pjaustytų
1/4 puodelio šviežių petražolių, smulkiai pjaustytų
1 arbatinis šaukštelis maltų kmynų
1 arbatinis šaukštelis maltos kalendros
1/2 arbatinio šaukštelio malto cinamono
1/2 arbatinio šaukštelio maltos paprikos
Druska ir juodieji pipirai, pagal skonį
Alyvuogių aliejus (kepimui ant grotelių)
Iešmeliai, pamirkyti vandenyje, jei mediniai

INSTRUKCIJOS:
Dideliame dubenyje sumaišykite maltą avieną, tarkuotą svogūną, maltą česnaką, kapotas mėtas, kapotas petražoles, kmynus, kalendras, cinamoną, papriką, druską ir juoduosius pipirus.
Kruopščiai sumaišykite ingredientus, kol gerai susimaišys.
Uždenkite dubenį plastikine plėvele ir palikite mišinį atvėsti šaldytuve bent 30 minučių, kad skoniai susimaišytų.
Įkaitinkite grilį arba kepsninę iki vidutinės-aukštos ugnies.
Paimkite dalį ėrienos mišinio ir suformuokite ant iešmelių, suformuodami pailgas kofta formas.
Aptepkite koftą trupučiu alyvuogių aliejaus, kad nepriliptų prie grotelių.
Kepkite koftą ant grotelių apie 10–15 minučių, retkarčiais apversdami, kol jie iškeps ir išorėje įgaus gražų žievelę.
Patiekite prieskoniais pagardintą avienos ir žolelių koftą su mėgstamais priedais, tokiais kaip ryžiai, paplotėlis ar jogurto padažas.
Prieš patiekdami papuoškite kapotomis mėtomis ir petražolėmis, kad gautumėte šviežumo.
Mėgaukitės šiais kvapniais prieskoniais pagardinta avienos ir žolelių kofta kaip gardžiu pagrindiniu patiekalu ar užkandžiu!

27.Libano pita traškučiai

INGRIDIENTAI:
4-6 nesmulkintų kviečių arba baltos pitos duonos riekeles
Alyvuogių aliejus
Druska, pagal skonį
Neprivaloma: česnako milteliai, paprika, kmynai arba mėgstamų prieskonių mišinys

INSTRUKCIJOS:
Įkaitinkite orkaitę iki 375 ° F (190 ° C).
Kiekvieną pita duoną supjaustykite į skilteles arba trikampius. Galite atskirti du kiekvienos pitos sluoksnius, kad gautumėte plonesnes drožles.
Ant kepimo skardos vienu sluoksniu sudėkite pita skilteles.
Kiekvieną gabalėlį lengvai aptepkite alyvuogių aliejumi. Galite naudoti konditerinį šepetėlį arba apšlakstyti aliejų ir tolygiai paskirstyti rankomis.
Pabarstykite pita skilteles druska. Jei norite, pridėkite neprivalomų prieskonių, pvz., česnako miltelių, paprikos, kmynų arba mėgstamų prieskonių mišinio.
Įdėkite kepimo skardą į įkaitintą orkaitę ir kepkite apie 10-12 minučių arba tol, kol pita traškučiai taps auksinės rudos spalvos ir traškūs.
Stebėkite juos, kad nesudegtumėte.
Leiskite pita traškučiams keletą minučių atvėsti ant kepimo skardos. Atvėsę jie ir toliau traškės.
Visiškai atvėsusį pita traškučius perkelkite į serviravimo dubenį ar lėkštę.
Patiekite su mėgstamais padažais, tokiais kaip humusas, tzatziki ar salsa.

28.Ghraybeh (Libano trapios tešlos sausainiai)

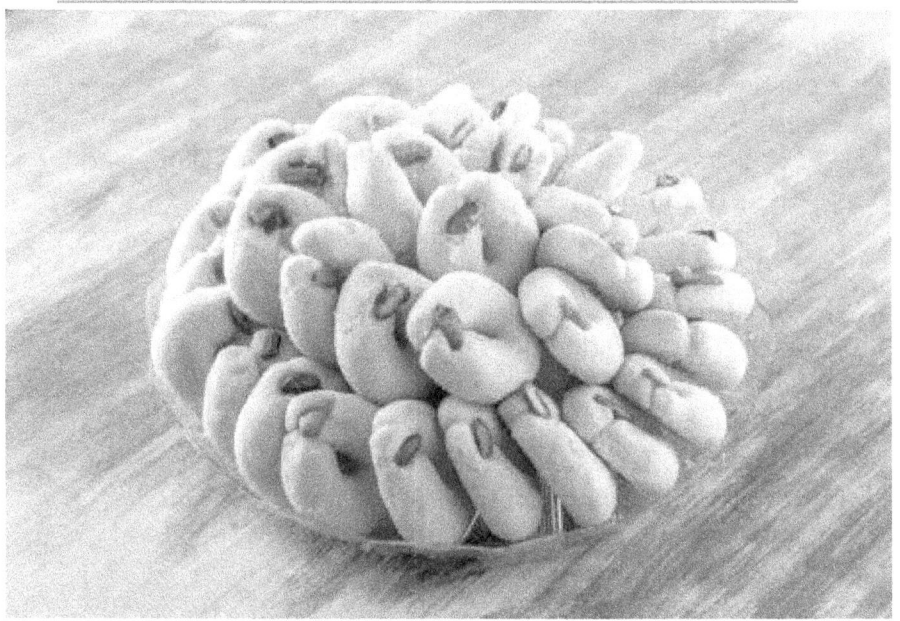

INGRIDIENTAI:
1 puodelis nesūdyto sviesto, suminkštinto
1 puodelis cukraus pudros
2 puodeliai universalių miltų
1 puodelis kukurūzų krakmolo
1/2 arbatinio šaukštelio rožių vandens arba apelsinų žiedų vandens (nebūtina)
Sveiki blanširuoti migdolai arba pistacijos (garnyrui)

INSTRUKCIJOS:
Įkaitinkite orkaitę iki 300 ° F (150 ° C).
Dideliame dubenyje sumaišykite minkštą sviestą ir cukraus pudrą iki šviesios ir purios masės.
Jei naudojate, į sviesto ir cukraus mišinį įpilkite rožių vandens arba apelsinų žiedų vandens ir gerai išmaišykite.
Atskirame dubenyje išsijokite universalius miltus ir kukurūzų krakmolą.
Į sviesto ir cukraus mišinį palaipsniui supilkite persijotus sausus ingredientus, nuolat maišydami, kol gerai susimaišys. Tešla turi būti minkšta ir lengvai apdorojama.
Paimkite nedideles tešlos dalis ir suformuokite mažus apskritimus arba pusmėnulius. Galite naudoti sausainių presą arba tiesiog apvolioti juos rankose.
Ant kiekvieno sausainio uždėkite visą blanširuotą migdolą arba pistaciją, šiek tiek įspauskite į tešlą.
Suformuotus sausainius dėkite ant kepimo popieriumi išklotos skardos.
Kepkite įkaitintoje orkaitėje apie 20-25 minutes arba kol kraštai taps švelniai auksiniai. Sausainiai turi likti blyškūs iš viršaus.
Leiskite Ghraybeh keletą minučių atvėsti ant kepimo skardos, prieš perkeldami ant grotelių, kad visiškai atvėstų.
Ghraybeh tradiciškai patiekiamas su arabiška kava ar arbata. Jie yra subtilūs, sviestiniai ir trapios tekstūros.

PAGRINDINIS PATIEKALAS

29.Libano Bamia (Okra troškinys)

INGRIDIENTAI:
1 svaras (450 g) šviežios okraos, nuplautos ir apipjaustytos
1 svaras (450 g) jautienos troškinio, supjaustytas kubeliais
1 didelis svogūnas, smulkiai pjaustytas
3 skiltelės česnako, susmulkintos
2 puodeliai pomidorų, supjaustytų kubeliais (šviežių arba konservuotų)
1/4 puodelio pomidorų pastos
1/4 puodelio alyvuogių aliejaus
2 šaukštai citrinos sulčių
1 arbatinis šaukštelis maltos kalendros
1 arbatinis šaukštelis maltų kmynų
1 arbatinis šaukštelis paprikos
Druska ir juodieji pipirai, pagal skonį
4 puodeliai jautienos arba daržovių sultinio
Patiekimui virti ryžiai arba paplotėlis

INSTRUKCIJOS:
Dideliame puode ant vidutinės ugnies įkaitinkite alyvuogių aliejų. Sudėkite pjaustytus svogūnus ir pakepinkite, kol jie taps skaidrūs.
Į puodą suberkite susmulkintą česnaką ir pakepinkite dar minutę, kol pasidarys kvapnus.
Į puodą suberkite kubeliais pjaustytą jautienos troškinį ir apkepkite iš visų pusių.
Įmaišykite kubeliais pjaustytus pomidorus, pomidorų pastą, maltas kalendras, maltus kmynus, papriką, druską ir juoduosius pipirus. Virkite keletą minučių, kol pomidorai pradės skilti.
Supilkite jautienos arba daržovių sultinį ir mišinį užvirinkite. Sumažinkite ugnį iki minimumo, uždenkite puodą ir leiskite troškintis apie 30 minučių, kad skoniai susimaišytų ir mėsa suminkštėtų.
Į puodą sudėkite nuplautą ir nupjautą okra. Troškinkite dar 15-20 minučių, kol okra iškeps.
Įmaišykite citrinos sultis, pagardinkite pagal skonį.
Patiekite Bamia karštą ant virtų ryžių arba su paplotėliu.

30. Libano ryžiai su vermišeliais (Roz bel Shaghriyeh)

INGRIDIENTAI:
1 puodelis ilgagrūdžių baltųjų ryžių
1/2 puodelio vermišelių makaronų, supjaustytų mažais gabalėliais
2 šaukštai nesūdyto sviesto arba alyvuogių aliejaus
2 puodeliai vištienos arba daržovių sultinio
Druska, pagal skonį

INSTRUKCIJOS:
Ryžius nuplaukite po šaltu vandeniu, kol vanduo taps skaidrus. Tai padeda pašalinti krakmolo perteklių ir neleidžia ryžiams būti per daug lipniems.
Dideliame puode arba puode ant vidutinės ugnies ištirpinkite sviestą (arba įkaitinkite alyvuogių aliejų).
Sudėkite susmulkintus vermišelių gabalėlius ir troškinkite, kol jie taps auksinės rudos spalvos. Dažnai maišykite, kad būtų užtikrintas tolygus skrudinimas.
Kai vermišeliai taps auksiniai, į puodą suberkite nuplautus ryžius. Gerai išmaišykite, kad ryžiai ir vermišeliai pasidengtų sviestu.
Supilkite vištienos arba daržovių sultinį. Įberkite druskos pagal skonį. Mišinį užvirinkite.
Sumažinkite ugnį iki minimumo, uždenkite puodą sandariu dangčiu ir troškinkite 15-20 minučių arba kol ryžiai suminkštės ir sugers skystį.
Kai iškeps, nukelkite puodą nuo ugnies, bet uždėkite dangtį. Leiskite ryžiams garuoti dar 10 minučių. Tai padeda ryžiams tapti lengviems ir puriems.
Šakute švelniai supurtykite ryžius ir vermišelius.
Libanietiškus ryžius su vermišeliais perkelkite į lėkštę ir patiekite kaip skanų garnyrą.

31.Libano vištiena Shawarma

INGRIDIENTAI:
Marinatui:

1,5 svaro (700 g) vištienos šlaunelių be kaulų
1 didelis svogūnas, smulkiai sutarkuotas
4 skiltelės česnako, susmulkintos
1/4 puodelio natūralaus jogurto
3 šaukštai alyvuogių aliejaus
1 valgomasis šaukštas maltų kmynų
1 valgomasis šaukštas maltos kalendros
1 arbatinis šaukštelis maltos paprikos
1 arbatinis šaukštelis maltos ciberžolės
1 arbatinis šaukštelis malto cinamono
1 arbatinis šaukštelis maltų kvapiųjų pipirų
Druska ir juodieji pipirai, pagal skonį
1 citrinos sultys
Pateikimui:

Pitos duona arba papločiai
Tzatziki padažas arba česnakinis padažas
Supjaustyti pomidorai
Supjaustyti agurkai
Susmulkintos salotos
Marinuoti agurkai

INSTRUKCIJOS:
Dubenyje sumaišykite tarkuotą svogūną, maltą česnaką, jogurtą, alyvuogių aliejų, maltus kmynus, maltas kalendras, papriką, ciberžolę, cinamoną, kvapiuosius pipirus, druską, juoduosius pipirus ir citrinos sultis. Gerai išmaišykite, kad susidarytų vientisas marinatas.
Vištienos šlauneles supjaustykite plonomis juostelėmis.
Įdėkite vištienos juosteles į marinatą, kad kiekvienas gabalas būtų gerai padengtas.
Uždenkite dubenį ir leiskite vištienai marinuotis šaldytuve mažiausiai 2 valandas arba per naktį, kad gautumėte maksimalų skonį.
Įkaitinkite orkaitę iki 425 ° F (220 ° C).

Marinuotas vištienos juosteles suverkite ant iešmelių arba dėkite ant kepimo popieriumi išklotos skardos.
Kepkite įkaitintoje orkaitėje apie 20-25 minutes arba kol vištiena iškeps ir gražiai apskrus kraštus.
Pašildykite pita duoną ar papločius.
Ant kiekvienos duonos užtepkite gausų tzatziki padažą arba česnakinį padažą.
Ant padažo uždėkite dalį virtos vištienos.
Sudėkite supjaustytus pomidorus, agurkus, salotas ir marinuotus agurkus.
Apvoliokite duoną aplink įdarus, sukurdami vyniotinį ar sumuštinį.
Nedelsdami patiekite libanietišką vištieną Shawarma.

32.Falafel Pita sumuštinis su Tahini padažu

INGRIDIENTAI:
- 12 šaldytų falafelių
- ¼ puodelio tahini
- ¼ puodelio vandens
- 2 šaukštai citrinos sulčių
- 2 skiltelės česnako, susmulkintos
- ¼ arbatinio šaukštelio maltos paprikos
- 6 pilno grūdo pitos
- 1 galvos salotos, susmulkintos
- 1 pomidoras, supjaustytas plonais griežinėliais
- ½ agurko, nulupto ir supjaustyto
- 1 mažai natrio turintis marinuotas krapų agurkas, supjaustytas griežinėliais
- ¼ mažo raudonojo svogūno, plonais griežinėliais
- 3 arbatiniai šaukšteliai harisos arba pagal skonį (nebūtina)

INSTRUKCIJOS:
a) Įkaitinkite orkaitę iki 450 laipsnių F (230 laipsnių C). Padėkite falafelius ant kepimo skardos.
b) Kepkite falafelius įkaitintoje orkaitėje, kol įkais, 8–10 minučių.
c) Kol falafeliai kepa, dubenyje išplakite tahini, vandenį, citrinos sultis, smulkintą česnaką ir papriką.
d) Nupjaukite maždaug 1 colio atstumu nuo kiekvienos pitos viršaus, kad susidarytumėte kišenę.
e) Į kiekvieną pitą įpilkite 2 falafelius kartu su vienodais kiekiais salotų, pomidorų, agurkų, marinuotų agurkų ir raudonųjų svogūnų.
f) Kiekvieną pita sumuštinį apšlakstykite maždaug 1 šaukštu tahini padažo.
g) Pasirinktinai pridėkite harisos, kad gautumėte papildomą efektą, reguliuodami kiekį pagal skonį.
h) Patiekite Falafel Pita sumuštinius iš karto, kol jie šilti, ir mėgaukitės skonių deriniu.

33.Aviena įdaryti svarainiai su granatais ir kalendra

INGRIDIENTAI:

- 14 uncijų / 400 g maltos avienos
- 1 skiltelė česnako, susmulkinta
- 1 raudona čili, susmulkinta
- ⅔ uncijos / 20 g kalendros, susmulkintos, plius 2 šaukštai, papuošti
- ½ puodelio / 50 g duonos trupinių
- 1 šaukštelis maltų kvapiųjų pipirų
- 2 šaukštai smulkiai tarkuoto šviežio imbiero
- 2 vidutiniai svogūnai, smulkiai pjaustyti (1⅓ puodeliai / 220 g iš viso)
- 1 didelis laisvai laikomas kiaušinis
- 4 svarainiai (iš viso 2¾ svarų / 1,3 kg)
- ½ citrinos sultys ir 1 valgomasis šaukštas šviežiai spaustų citrinos sulčių
- 3 šaukštai alyvuogių aliejaus
- 8 kardamono ankštys
- 2 šaukšteliai granatų melasos
- 2 šaukšteliai cukraus
- 2 puodeliai / 500 ml vištienos sultinio
- ½ granato sėklų
- druskos ir šviežiai maltų juodųjų pipirų

INSTRUKCIJOS:

a) Įdėkite avieną į maišymo dubenį kartu su česnaku, čile, kalendra, duonos trupiniais, kvapniais pipirais, puse imbiero, puse svogūno, kiaušiniu, ¾ arbatinio šaukštelio druskos ir šiek tiek pipirų. Gerai išmaišykite rankomis ir atidėkite.

b) Svarainius nulupkite ir perpjaukite išilgai pusiau. Įdėkite juos į dubenį su šaltu vandeniu su ½ citrinos sultimis, kad jie nepadarytų rudos spalvos. Meliono kamuoliuku arba mažu šaukšteliu pašalinkite sėklas, o svarainių puseles išskobkite taip, kad liktų ⅔ colio / 1,5 cm lukštas. Išskobtą minkštimą pasilikite. Užpildykite įdubas ėrienos mišiniu, rankomis stumdami jį žemyn.

c) Didelėje keptuvėje, kuriai turite dangtį, įkaitinkite alyvuogių aliejų. Į virtuvinį kombainą sudėkite rezervuotą svarainių minkštimą, greitai supjaustykite, kad gerai susmulkintumėte, tada perkelkite mišinį į keptuvę kartu su likusiais svogūnais, imbieru ir kardamono ankštimis. Troškinkite 10–12 minučių, kol svogūnas suminkštės. Įpilkite melasos, 1 šaukštą citrinos sulčių, cukraus, sultinio, ½ arbatinio šaukštelio druskos, šiek tiek juodųjų pipirų ir gerai išmaišykite. Į padažą sudėkite svarainių puseles mėsos įdaru į viršų, sumažinkite ugnį iki silpnos ugnies, uždenkite keptuvę ir virkite apie 30 minučių. Pabaigoje svarainiai turi būti visiškai minkšti, mėsa gerai iškepusi, o padažas tirštas. Pakelkite dangtį ir troškinkite minutę ar dvi, kad padažas sumažėtų, jei reikia.

d) Patiekite šiltą arba kambario temperatūros, apibarstę kalendra ir granatų sėklomis.

34. Aukštyn kojom (Maqluba)

INGRIDIENTAI:

- 7 puodeliai vandens
- 2 svogūnai, susmulkinti
- 1 valgomasis šaukštas susmulkinto česnako
- 1 arbatinis šaukštelis malto cinamono
- 1 arbatinis šaukštelis maltos ciberžolės
- 2 arbatiniai šaukšteliai garam masala
- Druska ir malti juodieji pipirai, pagal skonį
- 2 puodeliai kepimo aliejaus
- 2 puodeliai avienos mėsos, supjaustytos mažais gabalėliais
- 1 didelis baklažanas, supjaustytas 3/4 colio griežinėliais
- 2 cukinijos, supjaustytos 1/4 colio griežinėliais
- 1 puodelis brokolių
- 1 puodelis žiedinių kopūstų
- 1 ½ puodelio jazminų ryžių
- 1 (16 uncijų) paprasto jogurto indelis

INSTRUKCIJOS:

a) Dideliame puode užvirkite vandenį, susmulkintus svogūnus, susmulkintą česnaką, maltą cinamoną, maltą ciberžolę, garam masala, druską ir pipirus.
b) Į verdantį mišinį suberkite érieną, sumažinkite ugnį iki minimumo ir troškinkite 15–20 minučių.
c) Avieną atskirkite nuo skysčio ir atidėkite į šalį. Perpilkite skystį į dubenį.
d) Didelėje, gilioje keptuvėje ant vidutinės ugnies įkaitinkite kepimo aliejų.
e) Baklažano griežinėlius apkepkite iš abiejų pusių, kol apskrus, tada išimkite, kad nuvarvėtų ant popierinių rankšluosčių.
f) Pakartokite cukinijų ir žiedinių kopūstų kepimo procesą. Brokolius kepkite aliejuje, kol jie įkais, tada nusausinkite ant popierinio rankšluosčio.
g) Didelio puodo apačioje padėkite érieną.
h) Ant avienos sluoksniais išdėliokite keptus baklažanus, cukinijas, brokolius ir žiedinius kopūstus.
i) Jazminų ryžius užpilkite ant mėsos ir daržovių, švelniai pakratydami puodą, kad ryžiai nusistovėtų.

j) Ant mišinio užpilkite rezervuotą ėrienos kepimo skystį, kol jis visiškai padengtas. Jei reikia, įpilkite vandens.
k) Uždenkite puodą ir troškinkite ant silpnos ugnies, kol ryžiai suminkštės ir susigers skystis, maždaug 30–45 minutes.
l) Nuimkite dangtį nuo puodo.
m) Ant puodo uždėkite didelę lėkštę ir apverskite puodą, kad patiekalas būtų „apverstas" ant lėkštės.
n) Patiekite su jogurtu ant šono.

35.Jautiena ir svarainis

INGRIDIENTAI:
- 1 kg mėsos
- 2 šaukšteliai česnako pasta
- 2 kg svarainių
- 1 šaukštelis cukraus
- 1 ltr rūgščių granatų sulčių
- 2 šaukšteliai mėtų (smulkiai pjaustytų)
- 5 šaukšteliai pomidorų pastos
- 1 šaukštelis druskos

INSTRUKCIJOS:
a) Mėsą supjaustykite vidutiniais gabalėliais ir sudėkite į puodą. Įpilkite vandens ir leiskite gerai išvirti ant vidutinės ugnies.
b) Į puodą sudėkite visus ingredientus, išskyrus svarainius, ir leiskite jiems gerai išvirti.
c) Svarainį supjaustykite vidutinio dydžio gabalėliais ir sudėkite į puodą.
d) Kai jis iškeps, patiekite lėkštėje, geriausia su baltais ryžiais kaip garnyrą.

36.Baharat vištiena ir ryžiai

INGRIDIENTAI:
BAHARATO prieskonių mišinys:
- 1 ½ šaukšto stiprios paprikos
- 1 valgomasis šaukštas maltų juodųjų pipirų
- 1 valgomasis šaukštas kmynų
- ¾ šaukšto maltos kalendros
- ¾ šaukšto maltų staklių (džiovintų kalkių)
- ½ šaukšto žagrenių miltelių
- ¼ šaukšto malto cinamono
- ¼ šaukšto maltų gvazdikėlių
- ¼ šaukšto malto muskato riešuto
- 5 žalios kardamono ankštys, susmulkintos
- 2 juodojo kardamono ankštys, susmulkintos

VIŠTIENA IR RYŽIAI:
- ½ ryšulio šviežios kalendros
- 2 šaukštai alyvuogių aliejaus
- ½ šviežios citrinos, išspaustos sultys
- 2 vištienos šlaunelės
- 2 vištienos kojos
- 1 vištienos krūtinėlė
- 1 ½ puodelio rudųjų basmati ryžių
- ¼ puodelio žalių anakardžių
- ¼ puodelio lukštentų žalių migdolų
- ¼ puodelio auksinių razinų
- ⅛ stiklinės lukštentų žalių pistacijų riešutų
- 2 arbatinius šaukštelius alyvuogių aliejaus
- 1 askaloninis česnakas, supjaustytas kubeliais
- 1 puodelis vištienos sultinio

INSTRUKCIJOS:
Ruoškite prieskonių mišinį:
a) Vidutiniame dubenyje sumaišykite papriką, juoduosius pipirus, kmynus, kalendras, žagrenius, cinamoną, gvazdikėlius, muskato riešutą, žaliąjį kardamoną ir juodąjį kardamoną. Atidėti.

MARINATINĖ VIŠTIENA:

b) Pakartotinai uždaromame plastikiniame maišelyje sumaišykite kalendrą, 2 šaukštus alyvuogių aliejaus, citrinos sulčių ir 1 šaukštą prieskonių mišinio.
c) Į maišelį įdėkite vištienos šlauneles, kojas ir krūtinėlę. Užsandarinkite ir pakratykite, kad pasidengtų. Marinuoti šaldytuve mažiausiai 4 valandas.

PARUOŠTI RYŽIŲ MIŠINĮ:
d) Ryžius sudėkite į didelį dubenį, užpilkite vandeniu ir pamirkykite bent 1 valandą.
e) Ryžius nusausinkite ir nuplaukite, tada grąžinkite į dubenį. Į ryžius įpilkite anakardžių, migdolų, razinų ir pistacijų. Įmaišykite 1 šaukštą prieskonių mišinio ir gerai išmaišykite. Atidėti.
f) Įkaitinkite orkaitę iki 375 laipsnių F (190 laipsnių C).
g) Olandiškoje orkaitėje arba tagine ant vidutinės ugnies įkaitinkite 2 arbatinius šaukštelius alyvuogių aliejaus. Virkite ir maišykite askaloninius česnakus iki skaidrumo, 1–3 minutes. Išjunkite šilumą.
h) Įmaišykite ryžių mišinį, kol gerai susimaišys.

SURINKTI IR KEPTI:
i) Išimkite ir išmeskite kalendrą iš maišelio su vištiena.
j) Olandiškoje orkaitėje ant ryžių mišinio supilkite marinuotą vištieną.
k) Supilkite vištienos sultinį į rezervuotą maišelį, švelniai suplakite ir užpilkite ant vištienos ir ryžių.
l) Uždenkite olandišką orkaitę ir kepkite įkaitintoje orkaitėje, kol ryžiai suminkštės, o vištiena visiškai iškeps (apie 75 minutes).
m) Greito nuskaitymo termometras, įkištas į vištienos centrą, turėtų rodyti bent 165 laipsnių F (74 laipsnius C).

37.Skrudintos saldžiosios bulvės ir šviežios figos

INGRIDIENTAI:
- 4 mažos saldžiosios bulvės (iš viso 2¼ svarų / 1 kg)
- 5 šaukštai alyvuogių aliejaus
- 3 šaukštai / 40 ml balzamiko acto (galite naudoti komercinį, o ne aukščiausios kokybės brandinimo rūšį)
- 1½ šaukšto / 20 g labai smulkaus cukraus
- 12 žalių svogūnų, perpjautų per pusę išilgai ir supjaustytų 1½ colio / 4 cm segmentais
- 1 raudona čili, plonais griežinėliais
- 6 prinokusios figos (8½ uncijos / 240 g iš viso), supjaustytos ketvirčiais
- 5 uncijos / 150 g minkšto ožkos pieno sūrio (nebūtina)
- Maldon jūros druska ir šviežiai malti juodieji pipirai

INSTRUKCIJOS:

a) Įkaitinkite orkaitę iki 475°F / 240°C.

b) Nuplaukite saldžiąsias bulves, perpjaukite jas išilgai ir kiekvieną pusę vėl panašiai supjaustykite į 3 ilgus skilteles. Sumaišykite su 3 šaukštais alyvuogių aliejaus, 2 arbatiniais šaukšteliais druskos ir šiek tiek juodųjų pipirų. Skiltelius odele į apačią paskleiskite ant kepimo skardos ir kepkite apie 25 minutes, kol suminkštės, bet nesuminkštės. Išimkite iš orkaitės ir palikite atvėsti.

c) Norėdami suminkštinti balzamiko, supilkite balzamiko actą ir cukrų į nedidelį puodą. Užvirinkite, tada sumažinkite ugnį ir troškinkite 2–4 minutes, kol sutirštės. Būtinai nukelkite keptuvę nuo ugnies, kai actas vis dar skystesnis už medų; vėsdamas jis ir toliau tirštės. Prieš patiekdami įmaišykite lašelį vandens, jei jis taps per tirštas, kad nusausėlų.

d) Išdėliokite saldžiąsias bulves ant serviravimo lėkštės. Įkaitinkite likusį aliejų vidutinio dydžio puode ant vidutinės ugnies ir suberkite žalius svogūnus bei čili. Kepkite 4–5 minutes, dažnai maišydami, kad nesudegtumėte čili. Ant saldžiųjų bulvių supilkite aliejų, svogūnus ir čili. Pabarstykite figas tarp pleištų ir pabarstykite ant balzamiko. Patiekite kambario temperatūroje. Jei naudojate, ant viršaus sutrupinkite sūrį.

38. Na'ama riebi

INGRIDIENTAI:

- 1 puodelis / 200 g graikiško jogurto ir ¾ puodelio plius 2 šaukštai / 200 ml nenugriebto pieno arba 1⅔ puodeliai / 400 ml pasukų (pakeičiant tiek jogurtą, tiek pieną)
- 2 dideli pasenę turkiški paplotėliai arba naanas (iš viso 9 uncijos / 250 g)
- 3 dideli pomidorai (iš viso 13 uncijų / 380 g), supjaustyti ⅔ colio / 1,5 cm kubeliais
- 3½ uncijos / 100 g ridikėlių, plonais griežinėliais
- 3 Libano arba mini agurkai (iš viso 9 uncijos / 250 g), nulupti ir supjaustyti ⅔ colio / 1,5 cm kubeliais
- 2 žalieji svogūnai, plonais griežinėliais
- ½ uncijos / 15 g šviežių mėtų
- 1 uncija / 25 g plokščialapių petražolių, stambiai pjaustytų
- 1 valgomasis šaukštas džiovintų mėtų
- 2 skiltelės česnako, susmulkintos
- 3 šaukštai šviežiai spaustų citrinų sulčių
- ¼ puodelio / 60 ml alyvuogių aliejaus, plius papildomai lašinti
- 2 šaukštai sidro arba baltojo vyno acto
- ¾ šaukštelio šviežiai maltų juodųjų pipirų
- 1½ šaukštelio druskos
- 1 valgomasis šaukštas žagrenių ar daugiau pagal skonį, papuošimui

INSTRUKCIJOS:

a) Jei naudojate jogurtą ir pieną, pradėkite vartoti bent prieš 3 valandas ir ne daugiau kaip vieną dieną, sudėdami abu į dubenį. Gerai išplakite ir palikite vėsioje vietoje arba šaldytuve, kol paviršiuje susidarys burbuliukai. Gaunate savotiškas namines pasukas, bet mažiau rūgščias.

b) Duoną supjaustykite kąsnio dydžio gabalėliais ir sudėkite į didelį dubenį. Įpilkite fermentuoto jogurto mišinio arba komercinių pasukų, tada sudėkite likusius ingredientus, gerai išmaišykite ir palikite 10 minučių, kad visi skoniai susijungtų.

c) Supilkite riebalus į serviravimo dubenėlius, apšlakstykite alyvuogių aliejumi ir papuoškite žagrenių.

39.Skrudinti baklažanai su keptu svogūnu

INGRIDIENTAI:

- 2 dideli baklažanai, perpjauti išilgai per pusę su stiebu (iš viso apie 1⅔ svaro / 750 g)
- ⅔ puodelio / 150 ml alyvuogių aliejaus
- 4 svogūnai (iš viso apie 1¼ svaro / 550 g), plonais griežinėliais
- 1½ žalių čili
- 1½ šaukštelio maltų kmynų
- 1 šaukštelis žagrenių
- 1¾ uncijos / 50 g fetos sūrio, susmulkinto dideliais gabalėliais
- 1 vidutinė citrina
- 1 skiltelė česnako, susmulkinta
- druskos ir šviežiai maltų juodųjų pipirų

INSTRUKCIJOS:

a) Įkaitinkite orkaitę iki 425°F / 220°C.
b) Kiekvieno baklažano nupjautą pusę perbraukite kryžminiu raštu. Nupjautas puses aptepkite 6½ šaukšto / 100 ml aliejaus ir gausiai pabarstykite druska ir pipirais. Dėkite ant kepimo skardos, pjaunama puse į viršų, ir kepkite orkaitėje apie 45 minutes, kol minkštimas taps auksinės spalvos ir visiškai iškeps.
c) Kol baklažanai kepa, į didelę keptuvę supilkite likusį aliejų ir padėkite ant stiprios ugnies. Suberkite svogūnus ir ½ arbatinio šaukštelio druskos ir kepkite 8 minutes, dažnai maišydami, kad svogūno dalys taptų tikrai tamsios ir traškios. Sėklos ir susmulkinkite čili, laikykite atskirai nuo pusės. Suberkite maltus kmynus, žagrenį ir visą susmulkintą čili ir virkite dar 2 minutes pricš įdėdami fetą. Virkite paskutinę minutę, daug nemaišydami, tada nukelkite nuo ugnies.
d) Mažu dantytu peiliu nuimkite citrinos odelę ir šerdį. Stambiai supjaustykite minkštimą, išmeskite sėklas, o minkštimą ir visas sultis sudėkite į dubenį su likusia ½ čili ir česnako.
e) Surinkite indą, kai tik baklažanai bus paruošti. Iškeptas puseles perkelkite į serviravimo indą ir šaukštu aptepkite minkštimą citrinų padažu. Svogūnus šiek tiek pašildykite ir supilkite šaukštu. Patiekite šiltą arba atidėkite į šalį, kad sušiltų kambario temperatūroje.

40.Skrudintas sviestinis moliūgas su za'atar

INGRIDIENTAI:

- 1 didelis moliūgas (iš viso 2½ svaro / 1,1 kg), supjaustytas ¾ x 2½ colio / 2 x 6 cm pleištais
- 2 raudonieji svogūnai, supjaustyti 1¼ colio / 3 cm pleištais
- 3½ šaukštai / 50 ml alyvuogių aliejaus
- 3½ šaukšto lengvos tahini pastos
- 1½ šaukštelio citrinos sulčių
- 2 šaukštai vandens
- 1 nedidelė česnako skiltelė, susmulkinta
- 3½ šaukštai / 30 g pušies riešutų
- 1 valgomasis šaukštas za'atar
- 1 valgomasis šaukštas stambiai pjaustytų plokščialapių petražolių
- Maldon jūros druska ir šviežiai malti juodieji pipirai

INSTRUKCIJOS:

a) Įkaitinkite orkaitę iki 475°F / 240°C.
b) Įdėkite moliūgą ir svogūną į didelį dubenį, įpilkite 3 šaukštus aliejaus, 1 arbatinį šaukštelį druskos, šiek tiek juodųjų pipirų ir gerai išmaišykite. Paskleiskite ant kepimo skardos odele žemyn ir kepkite orkaitėje 30–40 minučių, kol daržovės įgaus spalvą ir iškeps. Stebėkite svogūnus, nes jie gali iškepti greičiau nei moliūgai ir juos reikia pašalinti anksčiau. Išimkite iš orkaitės ir palikite atvėsti.
c) Norėdami paruošti padažą, sudėkite tahini į nedidelį dubenį kartu su citrinos sultimis, vandeniu, česnaku ir ¼ arbatinio šaukštelio druskos. Plakite, kol padažas taps medaus konsistencijos, jei reikia, įpilkite daugiau vandens arba tahini.
d) Į nedidelę keptuvę supilkite likusį 1½ arbatinio šaukštelio aliejaus ir padėkite ant vidutinės-mažos ugnies. Įpilkite pušies riešutų kartu su ½ arbatinio šaukštelio druskos ir virkite 2 minutes, dažnai maišydami, kol riešutai taps auksinės rudos spalvos. Nukelkite nuo ugnies ir perkelkite riešutus ir aliejų į nedidelį dubenį, kad sustabdytumėte kepimą.
e) Norėdami patiekti, paskleiskite daržoves ant didelės lėkštės ir apibarstykite tahini. Ant viršaus pabarstykite kedro riešutais ir jų aliejumi, po to zaatar ir petražolėmis.

41. Fava Bean Kuku

INGRIDIENTAI:
- 1 svaras / 500 g fava pupelių, šviežių arba šaldytų
- 5 šaukštai / 75 ml verdančio vandens
- 2 šaukštai itin smulkaus cukraus
- 5 šaukštai / 45 g džiovintų raugerškių
- 3 šaukštai riebios grietinėlės
- ¼ šaukštelio šafrano siūlų
- 2 šaukštai šalto vandens
- 5 šaukštai alyvuogių aliejaus
- 2 vidutiniai svogūnai, smulkiai pjaustyti
- 4 skiltelės česnako, susmulkintos
- 7 dideli laisvai laikomi kiaušiniai
- 1 valgomasis šaukštas universalių miltų
- ½ šaukštelio kepimo miltelių
- 1 puodelis / 30 g krapų, susmulkintų
- ½ puodelio / 15 g mėtų, susmulkintų
- druskos ir šviežiai maltų juodųjų pipirų

INSTRUKCIJOS:
a) Įkaitinkite orkaitę iki 350°F / 180°C. Fava pupeles sudėkite į keptuvę su dideliu kiekiu verdančio vandens. Troškinkite 1 minutę, nusausinkite, atvėsinkite po šaltu vandeniu ir atidėkite.

b) Į vidutinį dubenį supilkite 5 šaukštus / 75 ml verdančio vandens, suberkite cukrų ir maišykite, kad ištirptų. Kai šis sirupas bus drungnas, suberkite raugerškius ir palikite apie 10 minučių, tada nusausinkite.

c) Grietinėlę, šafraną ir šaltą vandenį užvirkite nedideliame puode. Nedelsdami nukelkite nuo ugnies ir atidėkite 30 minučių, kad įsigertų.

d) Ant vidutinės ugnies įkaitinkite 3 šaukštus alyvuogių aliejaus 10 colių / 25 cm neprideganiojoje, orkaitei atsparioje keptuvėje, kuriai turite dangtį. Sudėkite svogūnus ir kepkite apie 4 minutes, retkarčiais pamaišydami, tada suberkite česnaką ir kepkite bei maišydami dar 2 minutes. Įmaišykite fava pupeles ir atidėkite.

e) Kiaušinius gerai išplakite dideliame dubenyje iki putų. Suberkite miltus, kepimo miltelius, šafrano kremą, žoleles, 1½ arbatinio šaukštelio druskos ir ½ arbatinio šaukštelio pipirų ir gerai išplakite. Galiausiai įmaišykite raugerškius ir fava pupelių bei svogūnų mišinį.

f) Išvalykite keptuvę švariai, supilkite likusį alyvuogių aliejų ir pašaukite į orkaitę 10 minučių, kad gerai įkaistų. Į karštą keptuvę supilkite kiaušinių mišinį, uždenkite dangčiu ir kepkite 15 minučių. Nuimkite dangtį ir kepkite dar 20–25 minutes, kol kiaušiniai sustings. Išimkite iš orkaitės ir leiskite pailsėti 5 minutes, prieš apversdami ant serviravimo lėkštės. Patiekite šiltą arba kambario temperatūros.

Žalių artišokų ir žolelių salotos

42.Citrininiai porų kotletai

INGRIDIENTAI:
- 6 dideli nupjauti porai (iš viso apie 1¾ svaro / 800 g)
- 9 uncijos / 250 g maltos jautienos
- 1 puodelis / 90 g duonos trupinių
- 2 dideli laisvai laikomi kiaušiniai
- 2 šaukštai saulėgrąžų aliejaus
- ¾–1¼ puodelio / 200–300 ml vištienos sultinio
- ⅓ puodelio / 80 ml šviežiai spaustų citrinų sulčių (apie 2 citrinos)
- ⅓ puodelio / 80 g graikiško jogurto
- 1 valgomasis šaukštas smulkiai pjaustytų plokščialapių petražolių
- druskos ir šviežiai maltų juodųjų pipirų

INSTRUKCIJOS:

a) Porus supjaustykite ¾ colio / 2 cm griežinėliais ir troškinkite juos maždaug 20 minučių, kol visiškai suminkštės. Nusausinkite ir palikite atvėsti, tada rankšluosčiu išspauskite vandens likučius. Porus apdorokite virtuviniu kombainu, kelis kartus plakdami, kol jie gerai susmulkins, bet nesuminkštės. Sudėkite porus į didelį maišymo dubenį kartu su mėsa, duonos trupiniais, kiaušiniais, 1¼ arbatinio šaukštelio druskos ir 1 arbatiniu šaukšteliu juodųjų pipirų. Iš mišinio suformuokite plokščius paplotėlius, maždaug 2¾ x ¾ colio / 7 x 2 cm – tai turėtų sudaryti 8. Šaldykite 30 minučių.

b) Įkaitinkite aliejų ant vidutinės-stiprios ugnies didelėje, storadugnėje keptuvėje, kuriai turite dangtį. Apkepkite paplotėlius iš abiejų pusių iki auksinės rudos spalvos; jei reikia, tai galima padaryti partijomis.

c) Išvalykite keptuvę popieriniu rankšluosčiu, tada ant dugno padėkite kotletus, jei reikia, šiek tiek perdengdami. Supilkite tiek sultinio, kad beveik, bet ne visiškai apsemtų paplotėlius. Įpilkite citrinos sulčių ir ½ arbatinio šaukštelio druskos. Užvirinkite, tada uždenkite ir švelniai troškinkite 30 minučių. Nuimkite dangtį ir, jei reikia, virkite dar kelias minutes, kol beveik visas skystis išgaruos. Nuimkite keptuvę nuo ugnies ir atidėkite į šalį, kad atvėstų.

d) Patiekite mėsos kukulius tik šiltus arba kambario temperatūros, su šlakeliu jogurto ir pabarstykite petražolėmis.

43. Chermoula baklažanai su bulguru ir jogurtu

INGRIDIENTAI:
- 2 skiltelės česnako, susmulkintos
- 2 šaukšteliai maltų kmynų
- 2 šaukšteliai maltos kalendros
- 1 šaukštelis čili dribsnių
- 1 šaukštelis saldžiosios paprikos
- 2 šaukštai smulkiai pjaustytos konservuotos citrinos žievelės (pirkta parduotuvėje arba žr. receptą)
- ⅔ puodelis / 140 ml alyvuogių aliejaus ir papildomai pabaigai
- 2 vidutiniai baklažanai
- 1 puodelis / 150 g smulkaus bulguro
- ⅔ puodelio / 140 ml verdančio vandens
- ⅓ puodelio / 50 g auksinių razinų
- 3½ šaukštai / 50 ml šilto vandens
- ⅓ uncijos / 10 g kalendros, susmulkintos ir papildomai užbaigiant
- ⅓ uncijos / 10 g mėtų, susmulkintų
- ⅓ puodelio / 50 g žalių alyvuogių be kauliukų, perpjautų per pusę
- ⅓ puodelio / 30 g pjaustytų migdolų, skrudintų
- 3 žali svogūnai, supjaustyti
- 1½ šaukšto šviežiai spaustų citrinų sulčių
- ½ puodelio / 120 g graikiško jogurto
- druskos

INSTRUKCIJOS:
a) Įkaitinkite orkaitę iki 400°F / 200°C.
b) Norėdami pagaminti chermoula, nedideliame dubenyje sumaišykite česnaką, kmyną, kalendrą, čili, papriką, konservuotą citriną, du trečdalius alyvuogių aliejaus ir ½ arbatinio šaukštelio druskos.
c) Baklažanus perpjaukite per pusę išilgai. Kiekvienos pusės minkštimą įbrėžkite giliais įstrižais kryžminiais taškais, kad nepradurtumėte odos. Ant kiekvienos pusės tolygiai paskirstykite chermoula ir padėkite ant kepimo skardos, nupjauta puse į viršų. Pašaukite į orkaitę ir kepkite 40 minučių arba kol baklažanai visiškai suminkštės.

d) Tuo tarpu sudėkite bulgurą į didelį dubenį ir užpilkite verdančiu vandeniu.
e) Razinas pamirkykite šiltame vandenyje. Po 10 minučių razinas nusausinkite ir suberkite į bulgurą kartu su likusiu aliejumi. Suberkite žoleles, alyvuoges, migdolus, žaliuosius svogūnus, citrinos sultis, žiupsnelį druskos ir išmaišykite, kad susimaišytų. Paragaukite ir, jei reikia, įberkite dar druskos.
f) Baklažanus patiekite šiltus arba kambario temperatūros. Ant kiekvienos atskiros lėkštės sudėkite ½ baklažano, supjaustytą puse į viršų. Ant viršaus uždėkite šaukštą bulguro, kad dalis nukristų iš abiejų pusių. Šaukštu užpilkite jogurto, pabarstykite kalendra ir užbaikite šlakeliu aliejaus.

44.Keptas žiedinis kopūstas su tahini

INGRIDIENTAI:
- 2 puodeliai / 500 ml saulėgrąžų aliejaus
- 2 vidutinės žiedinių kopūstų galvutės (iš viso 2¼ svarų / 1 kg), padalintos į mažus žiedynus
- 8 žali svogūnai, kiekvienas padalintas į 3 ilgus segmentus
- ¾ puodelio / 180 g šviesios tahini pastos
- 2 skiltelės česnako, susmulkintos
- ¼ puodelio / 15 g plokščialapių petražolių, kapotų
- ¼ puodelio / 15 g kapotų mėtų ir papildomai užbaigti
- ⅔ puodelio / 150 g graikiško jogurto
- ¼ puodelio / 60 ml šviežiai spaustų citrinos sulčių ir nutarkuota 1 citrinos žievelė
- 1 šaukštelis granatų melasos ir papildomai užbaigti
- apie ¾ puodelio / 180 ml vandens
- Maldon jūros druska ir šviežiai malti juodieji pipirai

INSTRUKCIJOS:
a) Įkaitinkite saulėgrąžų aliejų dideliame puode ant vidutinės-stiprios ugnies. Metalinėmis žnyplėmis arba metaliniu šaukštu atsargiai įdėkite po kelis žiedinių kopūstų žiedynus į aliejų ir kepkite 2–3 minutes, apversdami, kad nusidažytų tolygiai. Kai žiedynai taps aukso rudi, kiaurasamčiu pakelkite žiedynus į kiaurasamtį, kad nuvarvėtų. Pabarstykite trupučiu druskos. Tęskite partijomis, kol baigsite visus žiedinius kopūstus. Tada pakepinkite žalius svogūnus dalimis, bet tik apie 1 minutę. Pridėti į žiedinį kopūstą. Leiskite abiem šiek tiek atvėsti.
b) Supilkite tahini pastą į didelį maišymo dubenį ir suberkite česnaką, susmulkintas žoleles, jogurtą, citrinos sultis ir žievelę, granatų melasą, šiek tiek druskos ir pipirų. Pildami vandenį gerai išmaišykite mediniu šaukštu. Įpilant vandens, tahini padažas sutirštės ir atsipalaiduos. Nedėkite per daug, tik tiek, kad gautumėte tirštos, bet glotnios konsistencijos, šiek tiek panašios į medų.
c) Į tahini įpilkite žiedinių kopūstų ir žaliųjų svogūnų ir gerai išmaišykite. Paragaukite ir sureguliuokite prieskonius. Taip pat galite įpilti daugiau citrinos sulčių.
d) Norėdami patiekti, įdėkite į serviravimo dubenį ir užbaikite keliais lašais granatų melasos ir šiek tiek mėtų.

45.Swiss Chard su Tahini, jogurtu ir pušies riešutais

INGRIDIENTAI:
- 2¾ svarų / 1,3 kg šveicariški mangoldai
- 2½ šaukšto / 40 g nesūdyto sviesto
- 2 šaukštai alyvuogių aliejaus ir papildomai pabaigai
- 5 šaukštai / 40 g pušies riešutų
- 2 mažos skiltelės česnako, labai plonai supjaustytos
- ¼ puodelio / 60 ml sauso baltojo vyno
- saldžiosios paprikos, papuošimui (nebūtina)
- druskos ir šviežiai maltų juodųjų pipirų

TAHINI ir JOGURTŲ PADAŽAS
- 3½ šaukštai / 50 g šviesios tahini pastos
- 4½ šaukšto / 50 g graikiško jogurto
- 2 šaukštai šviežiai spaustų citrinų sulčių
- 1 skiltelė česnako, susmulkinta
- 2 šaukštai vandens

INSTRUKCIJOS:

a) Pradėkite nuo padažo. Visus ingredientus sudėkite į vidutinį dubenį, įberkite žiupsnelį druskos ir gerai išmaišykite nedideliu šluotele, kol gausis vientisa, pusiau kieta pasta. Atidėti.

b) Aštriu peiliu atskirkite baltus mangoldo stiebus nuo žalių lapų ir abu supjaustykite ¾ colio / 2 cm pločio griežinėliais, laikykite juos atskirai. Didelę keptuvę su pasūdytu vandeniu užvirinkite ir suberkite mangoldo stiebus. Troškinkite 2 minutes, suberkite lapus ir virkite dar minutę. Nusausinkite ir gerai nuplaukite po šaltu vandeniu. Leiskite vandeniui nutekėti, o tada rankomis spauskite mangoldą, kol jis visiškai išdžius.

c) Į didelę keptuvę sudėkite pusę sviesto ir 2 šaukštus alyvuogių aliejaus ir padėkite ant vidutinės ugnies. Kai bus karšta, suberkite pušies riešutus ir mėtykite juos į keptuvę iki auksinės spalvos, maždaug 2 minutes. Išimkite juos iš keptuvės kiaurasamčiu, tada įmeskite česnaką. Kepkite apie minutę, kol pradės tapti auksinės spalvos. Atsargiai (išspjauti!) supilkite vyną. Palikite minutę ar mažiau, kol sumažės iki maždaug trečdalio. Įdėkite mangoldą ir likusį sviestą ir virkite 2–3 minutes, retkarčiais pamaišydami, kol mangoldas visiškai sušils. Pagardinkite ½ arbatinio šaukštelio druskos ir šiek tiek juodųjų pipirų.

d) Padalinkite mangoldą į atskirus dubenėlius, ant viršaus užpilkite tahini padažo ir pabarstykite pušies riešutais. Galiausiai apšlakstykite alyvuogių aliejumi ir, jei norite, pabarstykite paprika.

46. Kofta B'siniyah

INGRIDIENTAI:
- ⅔ puodelio / 150 g šviesios tahini pastos
- 3 šaukštai šviežiai spaustų citrinų sulčių
- ½ puodelio / 120 ml vandens
- 1 vidutinė česnako skiltelė, susmulkinta
- 2 šaukštai saulėgrąžų aliejaus
- 2 šaukštai / 30 g nesūdyto sviesto arba ghi (nebūtina)
- skrudintų pušies riešutų, papuošimui
- smulkiai pjaustytų plokščialapių petražolių, papuošti
- saldžiosios paprikos, papuošimui
- druskos

KOFTA
- 14 uncijų / 400 g maltos avienos
- 14 uncijų / 400 g maltos veršienos arba jautienos
- 1 mažas svogūnas (apie 5 uncijos / 150 g), smulkiai pjaustytas
- 2 didelės česnako skiltelės, susmulkintos
- 7 šaukštai / 50 g skrudintų pušies riešutų, stambiai sukapotų
- ½ puodelio / 30 g smulkiai pjaustytų plokščialapių petražolių
- 1 didelė vidutiniškai karšta raudona čili, išskobta ir smulkiai pjaustyta
- 1½ šaukštelio malto cinamono
- 1½ šaukštelio maltų kvapiųjų pipirų
- ¾ šaukštelio tarkuoto muskato riešuto
- 1½ šaukštelio šviežiai maltų juodųjų pipirų
- 1½ šaukštelio druskos

INSTRUKCIJOS:

a) Sudėkite visus kofta ingredientus į dubenį ir rankomis viską gerai išmaišykite. Dabar suformuokite ilgus, torpedą primenančius pirštus, maždaug 3¼ colio / 8 cm ilgio (kiekvienas apie 2 uncijos / 60 g). Paspauskite mišinį, kad jį suspaustumėte, ir įsitikinkite, kad kiekviena kofta yra sandari ir išlaiko savo formą. Išdėliokite lėkštėje ir atvėsinkite, kol būsite pasiruošę virti, iki 1 dienos.

b) Įkaitinkite orkaitę iki 425°F / 220°C. Vidutiniame dubenyje sumaišykite tahini pastą, citrinos sultis, vandenį, česnaką ir ¼ arbatinio šaukštelio druskos. Padažas turi būti šiek tiek skystesnis nei medus; jei reikia, įpilkite 1–2 šaukštus vandens.

c) Didelėje keptuvėje ant stiprios ugnies įkaitinkite saulėgrąžų aliejų ir apkepkite koftą. Darykite tai partijomis, kad jos nebūtų ankštos. Kepkite juos iš visų pusių iki auksinės rudos spalvos, maždaug 6 minutes kiekvieną partiją. Šiuo metu jie turėtų būti vidutiniškai reti. Išimkite iš formos ir išdėliokite ant kepimo skardos. Jei norite juos iškepti vidutiniškai arba gerai, įdėkite kepimo skardą į orkaitę dabar 2–4 minutėms.
d) Šaukštu supilkite tahini padažą aplink koftą, kad jis padengtų keptuvės dugną. Jei norite, taip pat šiek tiek apšlakstykite koftą, bet dalį mėsos palikite atvirą. Pašaukite į orkaitę minutei ar dviem, kad padažas šiek tiek sušiltų.
e) Tuo tarpu, jei naudojate sviestą, ištirpinkite jį nedideliame puode ir leiskite šiek tiek apskrusti, stengdamiesi, kad nesudegtų. Šaukštu supilkite sviestą ant koftos, kai tik jie išeina iš orkaitės. Pabarstykite kedro riešutais ir petražolėmis, tada pabarstykite paprika. Patiekite iš karto.

47. Sabih

INGRIDIENTAI:
- 2 dideli baklažanai (iš viso apie 1⅔ svaro / 750 g)
- apie 1¼ puodelio / 300 ml saulėgrąžų aliejaus
- 4 riekelės geros kokybės baltos duonos, skrudintos arba šviežios ir drėgnos mini pitos
- 1 puodelis / 240 ml Tahini padažo
- 4 dideli laisvai laikomi kiaušiniai, kietai virti, nulupti ir supjaustyti ⅜ colio / 1 cm storio griežinėliais arba ketvirčiais
- apie 4 šaukštus Zhoug
- amba arba pikantiškas mango agurkas (nebūtina)
- druskos ir šviežiai maltų juodųjų pipirų

PAPLOTOS SALOTOS
- 2 vidutiniškai prinokę pomidorai, supjaustyti ⅜ colio / 1 cm kauliukais (iš viso apie 1 puodelis / 200 g)
- 2 mini agurkai, supjaustyti ⅜ colio / 1 cm kauliukais (iš viso apie 1 puodelis / 120 g)
- 2 žalieji svogūnai, plonais griežinėliais
- 1½ šaukštelio kapotų plokščialapių petražolių
- 2 šaukšteliai šviežiai spaustų citrinų sulčių
- 1½ šaukštelio alyvuogių aliejaus

INSTRUKCIJOS:

a) Daržovių skustuvu nulupkite baklažanų odelės juosteles iš viršaus į apačią, palikdami baklažanams pakaitomis juodos odelės ir balto minkštimo juosteles, panašias į zebrą. Abu baklažanus supjaustykite 1 colio / 2,5 cm storio griežinėliais. Iš abiejų pusių pabarstykite druska, tada paskleiskite ant kepimo skardos ir palikite pastovėti bent 30 minučių, kad pasišalintų šiek tiek vandens. Norėdami juos nuvalyti, naudokite popierinius rankšluosčius.

b) Plačioje keptuvėje įkaitinkite saulėgrąžų aliejų. Atsargiai – aliejuje – pakepinkite baklažano griežinėlius dalimis, kol gražiai ir tamsiai apskrus, vieną kartą apversdami, iš viso 6–8 minutes. Jei reikia, kepdami įpilkite aliejaus. Baigę baklažanų gabalėliai turi būti visiškai minkšti centre. Išimkite iš keptuvės ir nusausinkite ant popierinių rankšluosčių.

c) Susmulkintas salotas pasigaminkite sumaišydami visus ingredientus ir pagal skonį pagardinkite druska ir pipirais.

d) Prieš patiekdami į kiekvieną lėkštę įdėkite po 1 riekelę duonos arba pitos. Ant kiekvienos riekelės užpilkite po 1 valgomąjį šaukštą tahini padažo, tada ant viršaus išdėliokite baklažano skilteles. Pabarstykite dar šiek tiek tahini, bet visiškai neuždenkite baklažano griežinėlių. Kiekvieną kiaušinio griežinėlį pagardinkite druska ir pipirais ir išdėliokite ant baklažanų. Ant viršaus pabarstykite dar šiek tiek tahini ir uždėkite tiek zhoug, kiek norite; būk atsargus, karšta! Jei norite, taip pat uždėkite mango marinuotą agurką. Patiekite daržovių salotas ant šono, jei norite, ant kiekvienos porcijos šaukštu.

48.Kviečių uogos, mangoldų ir granatų melasa

INGRIDIENTAI:
- 1⅓ svaro / 600 g šveicariškas arba vaivorykštinis mangoldas
- 2 šaukštai alyvuogių aliejaus
- 1 valgomasis šaukštas nesūdyto sviesto
- 2 dideli porai, baltos ir šviesiai žalios dalys, plonais griežinėliais (3 puodeliai / iš viso 350 g)
- 2 šaukštai šviesiai rudojo cukraus
- apie 3 šaukštus granatų melasos
- 1¼ puodelio / 200 g lukštentų arba nelukštentų kviečių uogų
- 2 puodeliai / 500 ml vištienos sultinio
- druskos ir šviežiai maltų juodųjų pipirų
- Graikiškas jogurtas, patiekimui

INSTRUKCIJOS:

a) Mažu aštriu peiliu atskirkite baltus mangoldo stiebus nuo žalių lapų. Kotelius supjaustykite ⅜ colio / 1 cm griežinėliais, o lapus - ¾ colio / 2 cm griežinėliais.

b) Didelėje storadugnėje keptuvėje įkaitinkite aliejų ir sviestą. Suberkite porus ir maišydami virkite 3–4 minutes. Sudėkite mangoldų stiebus ir virkite 3 minutes, tada sudėkite lapelius ir virkite dar 3 minutes. Suberkite cukrų, 3 šaukštus granatų melasos, kviečių uogas ir gerai išmaišykite. Įpilkite sultinio, ¾ arbatinio šaukštelio druskos ir šiek tiek juodųjų pipirų, užvirkite ir virkite ant silpnos ugnies uždengę 60–70 minučių. Šiuo metu kviečiai turi būti al dente.

c) Nuimkite dangtį ir, jei reikia, padidinkite ugnį ir leiskite likusiam skysčiui išgaruoti. Keptuvės pagrindas turi būti sausas, ant jo turi būti šiek tiek pridegusios karamelės. Nukelkite nuo ugnies.

d) Prieš patiekdami paragaukite ir, jei reikia, įberkite daugiau melasos, druskos ir pipirų; norisi aštraus ir saldaus, todėl nesidrovėkite su melasa. Patiekite šiltą, su šlakeliu graikiško jogurto.

49.Balilah

INGRIDIENTAI:

- 1 puodelis / 200 g džiovintų avinžirnių
- 1 šaukštelis kepimo sodos
- 1 puodelis / 60 g susmulkintų plokščialapių petražolių
- 2 žalieji svogūnai, plonais griežinėliais
- 1 didelė citrina
- 3 šaukštai alyvuogių aliejaus
- 2½ šaukštelio maltų kmynų
- druskos ir šviežiai maltų juodųjų pipirų

INSTRUKCIJOS:

a) Išvakarėse avinžirnius sudėkite į didelį dubenį ir užpilkite šaltu vandeniu, kurio tūris yra bent dvigubai didesnis. Įpilkite kepimo sodos ir palikite kambario temperatūroje mirkti per naktį.

b) Avinžirnius nusausinkite ir sudėkite į didelį puodą. Uždenkite dideliu kiekiu šalto vandens ir padėkite ant stiprios ugnies. Užvirinkite, nugriebkite vandens paviršių, tada sumažinkite ugnį ir troškinkite 1–1,5 valandos, kol avinžirniai taps labai minkšti, bet išsaugos formą.

c) Kol avinžirniai kepa, į didelį dubenį suberkite petražoles ir žaliuosius svogūnus. Nulupkite citriną, užpilkite uodega, padėkite ant lentos ir mažu aštriu peiliu braukite išilgai jos kreivės, kad pašalintumėte odelę ir baltą šerdį. Išmeskite odelę, šerdį ir sėklas, o minkštimą stambiai supjaustykite. Į dubenį sudėkite minkštimą ir visas sultis.

d) Kai avinžirniai bus paruošti, nusausinkite ir sudėkite į dubenį, kol jie dar karšti. Įpilkite alyvuogių aliejaus, kmynų, ¾ arbatinio šaukštelio druskos ir smulkiai maltų pipirų. Gerai ismaisyti. Leiskite atvėsti, kol sušils, paragaukite prieskonių ir patiekite.

50. Šafraniniai ryžiai su raugerškiais ir pistacijomis

INGRIDIENTAI:
- 2½ šaukšto / 40 g nesūdyto sviesto
- 2 puodeliai / 360 g basmati ryžių, nuplauti po šaltu vandeniu ir gerai nusausinti
- 2⅓ puodeliai / 560 ml verdančio vandens
- 1 šaukštelis šafrano siūlų, 30 minučių mirkyti 3 šaukštuose verdančio vandens
- ¼ puodelio / 40 g džiovintų raugerškių, keletui minučių pamirkytų verdančiame vandenyje su žiupsneliu cukraus
- 1 uncija / 30 g krapų, stambiai pjaustytų
- ⅔ oz / 20 g vyšnios, stambiai pjaustytos
- ⅓ uncijos / 10 g peletrūno, stambiai supjaustyto
- ½ puodelio / 60 g pjaustytų arba susmulkintų nesūdytų pistacijų, lengvai paskrudintų
- druskos ir šviežiai maltų baltųjų pipirų

INSTRUKCIJOS:

a) Vidutiniame puode ištirpinkite sviestą ir įmaišykite ryžius, įsitikinkite, kad grūdai gerai aptepti sviestu. Įpilkite verdančio vandens, 1 arbatinį šaukštelį druskos ir šiek tiek baltųjų pipirų. Gerai išmaišykite, uždenkite sandariu dangčiu ir palikite virti ant labai mažos ugnies 15 minučių. Nesigundykite atidengti keptuvės; turėsite leisti ryžiams tinkamai išgaruoti.

b) Nukelkite ryžių keptuvę nuo ugnies – ryžiai sugers visą vandenį – ir vieną ryžių pusę užpilkite šafraniniu vandeniu, padengdami maždaug ketvirtadalį paviršiaus ir palikdami didžiąją dalį baltos spalvos. Nedelsdami uždenkite keptuvę rankšluosčiu ir sandariai uždarykite dangčiu. Atidėkite nuo 5 iki 10 minučių.

c) Dideliu šaukštu išimkite baltąją ryžių dalį į didelį maišymo dubenį ir suplakite šakute. Nusausinkite raugerškes ir įmaišykite jas, tada suberkite žoleles ir didžiąją dalį pistacijų, palikite keletą papuošimui. Gerai ismaisyti.

d) Šafraninius ryžius suplakite šakute ir švelniai įmaišykite į baltuosius ryžius. Nepermaišykite – nenorite, kad balti grūdeliai būtų nudažyti geltona spalva. Paragaukite ir sureguliuokite prieskonius.

e) Perkelkite ryžius į negilų serviravimo dubenį ir ant viršaus išbarstykite likusias pistacijas. Patiekite šiltą arba kambario temperatūros.

51.Vištienos sofrito

INGRIDIENTAI:
- 1 valgomasis šaukštas saulėgrąžų aliejaus
- 1 maža laisva vištiena, apie 3¼ svaro / 1,5 kg, su drugeliais arba ketvirčiais
- 1 šaukštelis saldžiosios paprikos
- ¼ šaukštelio maltos ciberžolės
- ¼ šaukštelio cukraus
- 2½ šaukštai šviežiai spaustų citrinų sulčių
- 1 didelis svogūnas, nuluptas ir supjaustytas ketvirčiais
- saulėgrąžų aliejus, skirtas kepti
- 1⅔ svaro / 750 g Yukon Gold bulvių, nuluptų, nuplautų ir supjaustytų ¾ colio / 2 cm kubeliais
- 25 skiltelės česnako, nenuluptos
- druskos ir šviežiai maltų juodųjų pipirų

INSTRUKCIJOS:

a) Supilkite aliejų į didelę, negilią keptuvę arba olandišką orkaitę ir padėkite ant vidutinės ugnies. Vištieną dėkite į keptuvę odele žemyn ir kepkite 4–5 minutes, kol taps auksinės rudos spalvos.

b) Viską pagardinkite paprika, ciberžole, cukrumi, ¼ arbatinio šaukštelio druskos, maltais juodaisiais pipirais ir 1½ šaukšto citrinos sulčių. Vištieną apverskite taip, kad odele būtų į viršų, į keptuvę suberkite svogūną ir uždenkite dangčiu. Sumažinkite ugnį iki minimumo ir virkite iš viso apie 1½ valandos; tai apima laiką, kai vištiena kepama su bulvėmis.

c) Retkarčiais pakelkite dangtį, kad patikrintumėte skysčio kiekį keptuvės dugne. Idėja yra ta, kad vištiena virti ir garuoti savo sultyse, tačiau gali tekti įpilti šiek tiek verdančio vandens, kad keptuvės dugne visada būtų ¼ colio / 5 mm skysčio.

d) Kai vištiena kepama maždaug 30 minučių, supilkite saulėgrąžų aliejų į vidutinį puodą iki 1¼ colio / 3 cm gylio ir padėkite ant vidutinės-stiprios ugnies. Kepkite bulves ir česnakus kartu keliomis partijomis maždaug 6 minutes, kol jie įgaus spalvą ir taps traškūs. Naudokite kiaurasamtį, kad kiekvieną partiją pakeltumėte nuo aliejaus ir ant popierinių rankšluosčių, tada pabarstykite druska.

e) Vištienai pakepus 1 val., iškelkite ją iš keptuvės ir šaukštu suberkite apkeptas bulves ir česnaką, išmaišydami su kepimo sultimis. Grąžinkite vištieną į keptuvę, padėkite ją ant bulvių likusį kepimo laiką, ty 30 minučių. Vištiena turi kristi nuo kaulo, o bulvės turi būti išmirkytos virimo skystyje ir visiškai minkštos. Patiekdami apšlakstykite likusiomis citrinos sultimis.

52.Laukiniai ryžiai su avinžirniais ir serbentais

INGRIDIENTAI:
- ⅓ puodelio / 50 g laukinių ryžių
- 2½ šaukšto alyvuogių aliejaus
- suapvalinti 1 puodelis / 220 g basmati ryžių
- 1½ puodelio / 330 ml verdančio vandens
- 2 šaukšteliai kmynų sėklų
- 1½ šaukštelio kario miltelių
- 1½ puodelio / 240 g virtų ir nusausintų avinžirnių (tinka konservuoti)
- ¾ puodelio / 180 ml saulėgrąžų aliejaus
- 1 vidutinio dydžio svogūnas, plonais griežinėliais
- 1½ šaukštelio universalių miltų
- ⅔ puodelio / 100 g serbentų
- 2 šaukštai kapotų plokščialapių petražolių
- 1 valgomasis šaukštas kapotos kalendros
- 1 valgomasis šaukštas smulkintų krapų
- druskos ir šviežiai maltų juodųjų pipirų

INSTRUKCIJOS:

a) Pradėkite laukinius ryžius suberkite į nedidelį puodą, užpilkite dideliu kiekiu vandens, užvirinkite ir palikite troškintis apie 40 minučių, kol ryžiai išvirs, bet dar gana tvirti. Nusausinkite ir atidėkite į šalį.

b) Norėdami išvirti basmati ryžius, supilkite 1 šaukštą alyvuogių aliejaus į vidutinį puodą su sandariai uždarytu dangčiu ir padėkite ant stiprios ugnies. Įpilkite ryžių ir ¼ arbatinio šaukštelio druskos ir maišykite, kol pašildysite ryžius. Atsargiai supilkite verdantį vandenį, sumažinkite ugnį iki labai mažos, uždenkite keptuvę dangčiu ir palikite virti 15 minučių.

c) Nukelkite keptuvę nuo ugnies, uždenkite švariu rankšluosčiu, tada dangčiu ir palikite nuo ugnies 10 minučių.

d) Kol verda ryžiai, paruoškite avinžirnius. Likusį 1½ šaukšto alyvuogių aliejaus įkaitinkite nedideliame puode ant stiprios ugnies. Suberkite kmynų sėklas ir kario miltelius, palaukite kelias sekundes, tada suberkite avinžirnius ir ¼ arbatinio šaukštelio druskos; įsitikinkite, kad tai darote greitai, kitaip prieskoniai gali sudegti aliejuje. Maišykite ant ugnies minutę ar dvi, kad avinžirniai įkaistų, tada perkelkite į didelį maišymo dubenį.

e) Puodą švariai nuvalykite, įpilkite saulėgrąžų aliejaus ir padėkite ant stiprios ugnies. Įmeskite nedidelį svogūno gabalėlį, kad aliejus būtų karštas; jis turėtų stipriai šnypšti. Rankomis sumaišykite svogūną su miltais, kad šiek tiek pasidengtų. Paimkite šiek tiek svogūno ir atsargiai (gali spjaudyti!) įdėkite į aliejų. Kepkite 2–3 minutes iki auksinės rudos spalvos, tada perkelkite ant popierinių rankšluosčių, kad nuvarvėtų, ir pabarstykite druska. Kartokite partijomis, kol visas svogūnas apkeps.

f) Galiausiai į avinžirnius suberkite abiejų rūšių ryžius, tada suberkite serbentus, žoleles ir pakepintą svogūną. Išmaišykite, paragaukite ir pagal skonį įberkite druskos ir pipirų. Patiekite šiltą arba kambario temperatūros.

53.Sudegintas baklažanas su Granatų sėklos

INGRIDIENTAI:

- 4 dideli baklažanai (3¼ svaro / 1,5 kg prieš kepimą; 2½ puodelio / 550 g sudeginus ir nusausinus minkštimą)
- 2 skiltelės česnako, susmulkintos
- nutarkuota 1 citrinos žievelė ir 2 šaukštai šviežiai spaustų citrinos sulčių
- 5 šaukštai alyvuogių aliejaus
- 2 šaukštai kapotų plokščialapių petražolių
- 2 šaukštai kapotų mėtų
- ½ didelio granato sėklos (iš viso ½ puodelio / 80 g)
- druskos ir šviežiai maltų juodųjų pipirų

INSTRUKCIJOS:

a) Jei turite dujinę viryklę, išklokite pagrindą aliuminio folija, kad apsaugotumėte jį ir palikite atvirus tik degiklius.
b) Padėkite baklažanus tiesiai ant keturių atskirų dujinių degiklių su vidutine liepsna ir kepkite 15–18 minučių, kol odelė sudegins ir susisluoksniuos, o minkštimas taps minkštas. Retkarčiais jas apverskite metalinėmis žnyplėmis.
c) Arba įmuškite baklažanus peiliu keliose vietose, maždaug ¾ colio / 2 cm gylio, ir padėkite ant kepimo skardos po karštu broileriu maždaug valandai. Apverskite juos maždaug kas 20 minučių ir toliau kepkite, net jei jie sprogtų ir sulūžtų.
d) Baklažanus nukelkite nuo ugnies ir leiskite jiems šiek tiek atvėsti. Kai baklažanai atvės, išilgai kiekvieno baklažano išpjaukite angą ir išskobkite minkštą minkštimą, rankomis padalykite jį į ilgas plonas juosteles. Išmeskite odą. Minkštimą nusausinkite kiaurasamtyje bent valandą, geriausia ilgiau, kad atsikratytų kuo daugiau vandens.
e) Įdėkite baklažano minkštimą į vidutinį dubenį ir suberkite česnaką, citrinos žievelę ir sultis, alyvuogių aliejų, ½ arbatinio šaukštelio druskos ir maltų juodųjų pipirų. Išmaišykite ir palikite baklažanus marinuoti kambario temperatūroje bent valandą.
f) Kai būsite pasiruošę patiekti, sumaišykite daugumą žolelių ir paragaukite prieskonių. Sukraukite ant serviravimo lėkštės, išbarstykite granatų sėklas ir papuoškite likusiomis žolelėmis.

54. Miežių rizotas su marinuota feta

INGRIDIENTAI:
- 1 puodelis / 200 g perlinių kruopų
- 2 šaukštai / 30 g nesūdyto sviesto
- 6 šaukštai / 90 ml alyvuogių aliejaus
- 2 maži salierų stiebeliai, supjaustyti 0,5 cm kubeliais
- 2 maži askaloniniai česnakai, supjaustyti ¼ colio / 0,5 cm kubeliais
- 4 skiltelės česnako, supjaustytos 1/16 colio / 2 mm kauliukais
- 4 čiobrelių šakelės
- ½ šaukštelio rūkytos paprikos
- 1 lauro lapas
- 4 juostelės citrinos žievelės
- ¼ šaukštelio čili dribsniai
- viena 14 uncijų / 400 g skardinė pjaustytų pomidorų
- 3 puodeliai / 700 ml daržovių sultinio
- 1¼ puodelio / 300 ml passata (persijoti susmulkinti pomidorai)
- 1 valgomasis šaukštas kmynų
- 10½ uncijos / 300 g fetos sūrio, susmulkinto į maždaug ¾ colio / 2 cm gabalėlius
- 1 valgomasis šaukštas šviežių raudonėlio lapų
- druskos

INSTRUKCIJOS:

a) Perlines kruopas gerai nuplaukite po šaltu vandeniu ir palikite nuvarvėti.

b) Labai didelėje keptuvėje ištirpinkite sviestą ir 2 šaukštus alyvuogių aliejaus ir ant silpnos ugnies pakepinkite salierus, askaloninius česnakus ir česnakus 5 minutes, kol suminkštės. Suberkite miežius, čiobrelius, papriką, lauro lapą, citrinos žievelę, čili dribsnius, pomidorus, sultinį, passatą ir druską. Maišykite, kad susijungtumėte.

c) Mišinį užvirinkite, tada sumažinkite iki labai silpnos ugnies ir virkite 45 minutes, dažnai maišydami, kad risotto nepatektų ant keptuvės dugno. Paruošti miežiai turi būti minkšti ir susigerti didžioji dalis skysčio.

d) Tuo tarpu sausoje keptuvėje porą minučių paskrudinkite kmynus. Tada jas lengvai sutrinkite, kad liktų kelios sveikos sėklos. Įdėkite juos į fetą su likusiais 4 šaukštais / 60 ml alyvuogių aliejaus ir švelniai išmaišykite, kad susimaišytų.

e) Kai rizotas bus paruoštas, patikrinkite prieskonius ir padalykite jį į keturis seklius dubenėlius. Ant kiekvieno užpilkite marinuotos fetos, įskaitant aliejų, ir pabarstykite raudonėlio lapeliais.

55. Kepta vištiena su klementinomis

INGRIDIENTAI:

- 6½ šaukšto / 100 ml arako, ouzo arba pernodo
- 4 šaukštai alyvuogių aliejaus
- 3 šaukštai šviežiai spaustų apelsinų sulčių
- 3 šaukštai šviežiai spaustų citrinų sulčių
- 2 šaukštai grūdėtųjų garstyčių
- 3 šaukštai šviesiai rudojo cukraus
- 2 vidutinio dydžio pankolių svogūnėliai (iš viso 1 svaras / 500 g)
- 1 didelė ekologiška arba laisvai laikoma vištiena, maždaug 2¾ svaro / 1,3 kg, padalinta į 8 dalis arba tokio pat svorio vištienos šlaunelės su oda, su kaulais
- 4 neluptos klementinos (iš viso 14 uncijų / 400 g), supjaustytos horizontaliai 0,5 cm griežinėliais
- 1 valgomasis šaukštas čiobrelių lapelių
- 2½ šaukštelio pankolio sėklų, lengvai susmulkintų
- druskos ir šviežiai maltų juodųjų pipirų
- smulkintų plokščialapių petražolių, papuošti

INSTRUKCIJOS:

a) Sudėkite pirmuosius šešis ingredientus į didelį maišymo dubenį ir įberkite 2½ arbatinio šaukštelio druskos ir 1½ arbatinio šaukštelio juodųjų pipirų. Gerai išplakite ir atidėkite į šalį.

b) Pankolį nupjaukite ir kiekvieną svogūnėlį perpjaukite per pusę išilgai. Kiekvieną pusę supjaustykite į 4 skilteles. Į skysčius įpilkite pankolių kartu su vištienos gabalėliais, klementino griežinėliais, čiobreliais ir pankolių sėklomis. Gerai išmaišykite rankomis, tada palikite marinuotis šaldytuve kelioms valandoms arba per naktį (jei stinga laiko, marinavimo etapą taip pat gerai praleisti).

c) Įkaitinkite orkaitę iki 475°F / 220°C. Perkelkite vištieną ir jos marinatą į kepimo skardą, pakankamai didelę, kad viskas patogiai tilptų viename sluoksnyje (maždaug 12 x 14½ colio / 30 x 37 cm keptuvėje); vištienos oda turi būti nukreipta į viršų. Kai orkaitė pakankamai įkaista, įdėkite keptuvę į orkaitę ir kepkite 35–45 minutes, kol vištiena pasikeis ir iškeps. Išimkite iš orkaitės.

d) Vištieną, pankolį ir klementines iškelkite iš keptuvės ir išdėliokite serviravimo lėkštėje; uždenkite ir laikykite šiltai.
e) Virimo skystį supilkite į nedidelį puodą, uždėkite ant vidutinės-stiprios ugnies, užvirinkite ir troškinkite, kol padažas sumažės trečdaliu, taigi jums liks apie ⅓ puodelio / 80 ml.
f) Vištieną užpilkite karštu padažu, papuoškite petražolėmis ir patiekite.

56. Mejadra

INGRIDIENTAI:

- 1¼ puodelio / 250 g žalių arba rudų lęšių
- 4 vidutiniai svogūnai (1½ svaro / 700 g prieš lupimą)
- 3 šaukštai universalių miltų
- apie 1 puodelis / 250 ml saulėgrąžų aliejaus
- 2 šaukšteliai kmynų sėklų
- 1½ šaukštelio kalendros sėklų
- 1 puodelis / 200 g basmati ryžių
- 2 šaukštai alyvuogių aliejaus
- ½ šaukštelio maltos ciberžolės
- 1½ šaukštelio maltų kvapiųjų pipirų
- 1½ šaukštelio malto cinamono
- 1 šaukštelis cukraus
- 1½ puodelio / 350 ml vandens
- druskos ir šviežiai maltų juodųjų pipirų

INSTRUKCIJOS:

a) Lęšius suberkite į nedidelį puodą, užpilkite dideliu kiekiu vandens, užvirinkite ir virkite 12–15 minučių, kol lęšiai suminkštės, bet dar šiek tiek įkandins. Nusausinkite ir atidėkite į šalį.

b) Svogūnus nulupkite ir smulkiai supjaustykite. Dėkite ant didelės plokščios lėkštės, pabarstykite miltais ir 1 arbatiniu šaukšteliu druskos ir gerai išmaišykite rankomis. Įkaitinkite saulėgrąžų aliejų vidutinio storio dugno puode, pastatytame ant stiprios ugnies. Įmeskite nedidelį svogūno gabalėlį, kad aliejus būtų karštas; jis turėtų stipriai šnypšti. Sumažinkite ugnį iki vidutinio ir atsargiai (gali spjaudyti!) suberkite trečdalį supjaustyto svogūno. Kepkite 5–7 minutes, retkarčiais pamaišydami kiaurasamčiu, kol svogūnas įgaus gražią aukso rudą spalvą ir taps traškus (reguliuokite temperatūrą, kad svogūnas per greitai neapkeptų ir nesudegtų). Šaukštu perkelkite svogūną į kiaurasamtį, išklotą popieriniais rankšluosčiais, ir pabarstykite dar šiek tiek druskos. Tą patį padarykite su kitomis dviem svogūnų partijomis; jei reikia, įpilkite šiek tiek papildomo aliejaus.

c) Puodą, kuriame kepėte svogūną, nuvalykite švariai ir suberkite kmynus bei kalendros sėklas. Padėkite ant vidutinės ugnies ir paskrudinkite sėklas minutę ar dvi. Įpilkite ryžių, alyvuogių aliejaus, ciberžolės, kvapiųjų pipirų, cinamono, cukraus, ½ arbatinio šaukštelio druskos ir daug juodųjų pipirų. Išmaišykite, kad ryžiai pasidengtų aliejumi, tada sudėkite virtus lęšius ir vandenį. Užvirkite, uždenkite dangčiu ir troškinkite ant labai mažos ugnies 15 minučių.

d) Nukelkite nuo ugnies, nukelkite dangtį ir greitai uždenkite keptuvę švariu rankšluosčiu. Sandariai uždarykite dangčiu ir palikite 10 minučių.

e) Galiausiai į ryžius ir lęšius suberkite pusę pakepinto svogūno ir švelniai išmaišykite šakute. Supilkite mišinį į negilų serviravimo dubenį ir ant viršaus uždėkite likusį svogūną.

57.Panfried Sea Bass su Harissa ir Rose

INGRIDIENTAI:
- 3 šaukštai harisos pastos (pirkta parduotuvėje arba žr. receptą)
- 1 šaukštelis maltų kmynų
- 4 jūros ešerių filė, iš viso apie 1 svaras / 450 g, nuluptos odele ir pašalintais kauliukais
- universalūs miltai, skirti dulkėti
- 2 šaukštai alyvuogių aliejaus
- 2 vidutiniai svogūnai, smulkiai pjaustyti
- 6½ šaukštai / 100 ml raudonojo vyno acto
- 1 šaukštelis malto cinamono
- 1 puodelis / 200 ml vandens
- 1½ šaukštelio medaus
- 1 valgomasis šaukštas rožių vandens
- ½ puodelio / 60 g serbentų (nebūtina)
- 2 šaukštai stambiai pjaustytos kalendros (nebūtina)
- 2 šaukšteliai mažų džiovintų valgomųjų rožių žiedlapių
- druskos ir šviežiai maltų juodųjų pipirų

INSTRUKCIJOS:

a) Pirmiausia pamarinuokite žuvį. Mažame dubenyje sumaišykite pusę harisos pastos, maltus kmynus ir ½ arbatinio šaukštelio druskos. Tešla ištrinkite visą žuvies filė ir palikite 2 valandas pasimarinuoti šaldytuve.

b) Filė pabarstykite trupučiu miltų ir nukratykite perteklių. Plačioje keptuvėje ant vidutinės-stiprios ugnies įkaitinkite alyvuogių aliejų ir apkepkite filė iš abiejų pusių po 2 minutes. Jums gali tekti tai padaryti dviem partijomis. Žuvį atidėkite į šalį, keptuvėje palikite aliejų ir suberkite svogūnus. Kepdami maišykite apie 8 minutes, kol svogūnai taps auksinės spalvos.

c) Įpilkite likusios harisos, acto, cinamono, ½ arbatinio šaukštelio druskos ir daug juodųjų pipirų. Supilkite vandenį, sumažinkite ugnį ir leiskite padažui švelniai virti 10–15 minučių, kol jis gana tirštas.

d) Į keptuvę supilkite medų ir rožių vandenį kartu su serbentais, jei naudojate, ir švelniai troškinkite dar porą minučių. Paragaukite ir sureguliuokite prieskonius, o tada žuvies filė

grąžinkite į keptuvę; galite juos šiek tiek perdengti, jei jie ne visai tinka.
- e) Šaukštu užtepkite padažo ant žuvies ir palikite 3 minutes sušilti verdančiame padaže; jei padažas labai tirštas, gali tekti įpilti kelis šaukštus vandens.
- f) Patiekite šiltą arba kambario temperatūros, apibarstę kalendra, jei naudojate, ir rožių žiedlapiais.

58. Krevetės, šukutės ir moliuskai su pomidorais ir feta

INGRIDIENTAI:

- 1 puodelis / 250 ml baltojo vyno
- 2¼ svaro / 1 kg moliuskų, nušveisti
- 3 skiltelės česnako, smulkiai supjaustytos
- 3 šaukštai alyvuogių aliejaus ir papildomai pabaigai
- 3½ puodelio / 600 g nuluptų ir susmulkintų itališkų slyvinių pomidorų (šviežių arba konservuotų)
- 1 šaukštelis itin smulkaus cukraus
- 2 šaukštai susmulkinto raudonėlio
- 1 citrina
- 7 uncijos / 200 g tigrinių krevečių, nuluptų ir nuskustų
- 7 uncijos / 200 g didelių šukučių (jei labai didelės, perpjauti per pusę horizontaliai)
- 4 uncijos / 120 g fetos sūrio, susmulkinto į ¾ colio / 2 cm gabaliukus
- 3 žalieji svogūnai, plonais griežinėliais
- druskos ir šviežiai maltų juodųjų pipirų

INSTRUKCIJOS:

a) Įdėkite vyną į vidutinį puodą ir virkite, kol sumažės trimis ketvirčiais. Sudėkite moliuskus, nedelsdami uždenkite dangčiu ir virkite ant stiprios ugnies apie 2 minutes, retkarčiais pakratydami keptuvę, kol moliuskai atsidarys. Perkelkite į smulkų sietelį, kad nuvarvėtų, o virimo sultis supilkite į dubenį. Išmeskite visus neatsispindėjusius moliuskus, o likusius išimkite iš lukštų ir palikite keletą su kevalais, kad užbaigtumėte patiekalą, jei norite.

b) Įkaitinkite orkaitę iki 475°F / 240°C.

c) Didelėje keptuvėje česnaką pakepinkite alyvuogių aliejuje ant vidutinės ir stiprios ugnies apie 1 minutę iki auksinės spalvos. Atsargiai suberkite pomidorus, moliuskų skystį, cukrų, raudonėlį, šiek tiek druskos ir pipirų. Nuskuskite nuo citrinos 3 žievelės juosteles, sudėkite jas ir švelniai troškinkite 20–25 minutes, kol padažas sutirštės. Paragaukite ir pagal poreikį įberkite druskos ir pipirų. Išmeskite citrinos žievelę.

d) Sudėkite krevetes ir šukutes, švelniai išmaišykite ir virkite vos minutę ar dvi. Sulenkite išlukštentus moliuskus ir viską

perkelkite į nedidelį orkaitei atsparų indą. Fetos gabalėlius panardinkite į padažą ir pabarstykite žaliu svogūnu.
e) Jei norite, uždėkite keletą moliuskų su lukštais ir pašaukite į orkaitę 3–5 minutėms, kol viršus šiek tiek nuspalvins, o krevetės ir šukutės iškeps.
f) Išimkite indą iš orkaitės, ant viršaus įspauskite šiek tiek citrinos sulčių, užbaikite šlakeliu alyvuogių aliejaus.

59. Troškintos putpelės su abrikosais ir tamarindu

INGRIDIENTAI:
- 4 itin didelės putpelės, kiekviena apie 6½ uncijos / 190 g, perpjautos per pusę išilgai krūtinkaulio ir nugaros
- ¾ šaukštelio čili dribsnių
- ¾ šaukštelio maltų kmynų
- ½ šaukštelio pankolio sėklų, lengvai susmulkintų
- 1 valgomasis šaukštas alyvuogių aliejaus
- 1¼ puodelio / 300 ml vandens
- 5 šaukštai / 75 ml baltojo vyno
- ⅔ puodelio / 80 g džiovintų abrikosų, storai pjaustytų
- 2½ šaukštai / 25 g serbentų
- 1½ šaukštelio labai smulkaus cukraus
- 1½ šaukštelio tamarindo pastos
- 2 šaukštai šviežiai spaustų citrinų sulčių
- 1 šaukštelis nuskintų čiobrelių lapelių
- druskos ir šviežiai maltų juodųjų pipirų
- 2 šaukštai kapotų mišrių kalendros ir plokščialapių petražolių, papuošti (nebūtina)

INSTRUKCIJOS:

a) Putpeles nuvalykite popieriniais rankšluosčiais ir sudėkite į maišymo indą. Pabarstykite čili dribsniais, kmynais, pankolio sėklomis, ½ arbatinio šaukštelio druskos ir šiek tiek juodųjų pipirų. Gerai įmasažuokite rankomis, tada uždenkite ir palikite marinuotis šaldytuve bent 2 valandoms arba per naktį.

b) Aliejų įkaitinkite ant vidutinės-stiprios ugnies keptuvėje, kuri yra pakankamai didelė, kad patogiai tilptų paukščiai ir kuriai turite dangtį. Apkepkite paukščius iš visų pusių apie 5 minutes, kad gautumėte gražią aukso rudą spalvą.

c) Išimkite putpeles iš keptuvės ir išmeskite didžiąją dalį riebalų, palikdami apie 1½ arbatinio šaukštelio. Įpilkite vandens, vyno, abrikosų, serbentų, cukraus, tamarindo, citrinos sulčių, čiobrelių, ½ arbatinio šaukštelio druskos ir šiek tiek juodųjų pipirų. Grąžinkite putpeles į keptuvę. Vanduo turėtų tekėti tris ketvirtadalius paukščių šonų; jei ne, įpilkite daugiau vandens. Užvirinkite, uždenkite keptuvę ir labai švelniai troškinkite 20–25 minutes, vieną ar du kartus apversdami putpeles, kol paukščiai iškeps.

d) Išimkite putpeles iš keptuvės ant serviravimo lėkštės ir laikykite šiltai. Jei skystis nėra labai tirštas, grąžinkite jį ant vidutinės ugnies ir pavirkite kelias minutes, kad padažas būtų geros konsistencijos. Šaukštu užtepkite padažo ant putpelių ir, jei naudojate, papuoškite kalendra ir petražolėmis.

60. Kepta vištiena su freekeh

INGRIDIENTAI:

- 1 nedidelė laisva vištiena, apie 3¼ svaro / 1,5 kg
- 2 ilgos cinamono lazdelės
- 2 vidutinės morkos, nuluptos ir supjaustytos ¾ colio / 2 cm storio griežinėliais
- 2 lauro lapai
- 2 kekės plokščialapių petražolių (iš viso apie 2½ uncijos / 70 g)
- 2 dideli svogūnai
- 2 šaukštai alyvuogių aliejaus
- 2 puodeliai / 300 g krekingo freekeh
- ½ šaukštelio maltų kvapiųjų pipirų
- ½ šaukštelio maltos kalendros
- 2½ šaukšto / 40 g nesūdyto sviesto
- ⅔ puodelio / 60 g pjaustytų migdolų
- druskos ir šviežiai maltų juodųjų pipirų

INSTRUKCIJOS:

a) Įdėkite vištieną į didelį puodą kartu su cinamonu, morkomis, lauro lapais, 1 krūva petražolių ir 1 arbatiniu šaukšteliu druskos. Ketvirtį 1 svogūną suberkite į puodą. Įpilkite šalto vandens, kad vištiena beveik apsemtų; užvirinkite ir troškinkite uždengę 1 valandą, retkarčiais nugriebdami nuo paviršiaus aliejaus ir putų.

b) Maždaug įpusėjus vištienos kepimui, antrąjį svogūną supjaustykite plonais griežinėliais ir sudėkite į vidutinį puodą su alyvuogių aliejumi. Kepkite ant vidutinės-mažos ugnies 12–15 minučių, kol svogūnas taps auksinės rudos spalvos ir suminkštės. Įpilkite freeckh, kvapiųjų pipirų, kalendros, ½ arbatinio šaukštelio druskos ir šiek tiek juodųjų pipirų. Gerai išmaišykite ir įpilkite 2½ puodelio / 600 ml vištienos sultinio. Įkaitinkite ugnį iki vidutinės-aukštos. Kai tik sultinys užvirs, uždenkite keptuvę ir sumažinkite ugnį. Lengvai troškinkite 20 minučių, tada nukelkite nuo ugnies ir palikite uždengtą dar 20 minučių.

c) Iš likusios petražolių kekės išimkite lapus ir ne per smulkiai supjaustykite. Į išvirtą freekeh įpilkite didžiąją dalį susmulkintų petražolių, sumaišykite jas šakute.

d) Vištieną išimkite iš sultinio ir padėkite ant pjaustymo lentos. Atsargiai nupjaukite krūtinėles ir supjaustykite jas plonai kampu; nuimkite mėsą nuo kojų ir šlaunų. Vištieną ir freekeh laikykite šiltai.
e) Paruošę patiekti, į nedidelę keptuvę sudėkite sviestą, migdolus ir druską ir kepkite iki auksinės spalvos. Supilkite freekeh ant atskirų patiekalų arba vieno lėkštės. Ant viršaus uždėkite kojos ir šlaunelių mėsą, tada ant viršaus dailiai išdėliokite krūtinėlės griežinėlius. Užbaikite migdolais ir sviestu bei pabarstykite petražolėmis.

61. Vištiena su svogūnais ir kardamonu ryžiais

INGRIDIENTAI:

- 3 šaukštai / 40 g cukraus
- 3 šaukštai / 40 ml vandens
- 2½ šaukšto / 25 g raugerškių (arba serbentų)
- 4 šaukštai alyvuogių aliejaus
- 2 vidutiniai svogūnai, plonais griežinėliais (2 puodeliai / iš viso 250 g)
- 2¼ svaro / 1 kg vištienos šlaunelių su oda, su kaulais arba 1 visa vištiena, supjaustyta ketvirčiais
- 10 kardamono ankščių
- suapvalinti ¼ šaukštelio sveikų gvazdikėlių
- 2 ilgos cinamono lazdelės, perlaužtos į dvi dalis
- 1⅔ puodeliai / 300 g basmati ryžių
- 2¼ puodeliai / 550 ml verdančio vandens
- 1½ šaukšto / 5 g plokščialapių petražolių lapų, susmulkintų
- ½ puodelio / 5 g krapų lapų, susmulkintų
- ¼ puodelio / 5 g kalendros lapų, susmulkintų
- ⅓ puodelio / 100 g graikiško jogurto, sumaišyto su 2 šaukštais alyvuogių aliejaus (nebūtina)
- druskos ir šviežiai maltų juodųjų pipirų

INSTRUKCIJOS:

a) Į nedidelį puodą suberkite cukrų ir vandenį ir kaitinkite, kol cukrus ištirps. Nukelkite nuo ugnies, suberkite raugerškius ir atidėkite mirkti. Jei naudojate serbentus, jų tokiu būdu mirkyti nereikia.

b) Tuo tarpu didelėje keptuvėje, kurią uždengę dangčiu, ant vidutinės ugnies įkaitinkite pusę alyvuogių aliejaus, suberkite svogūną ir kepkite 10–15 minučių retkarčiais pamaišydami, kol svogūnas taps giliai auksinės spalvos. Perkelkite svogūną į nedidelį dubenį ir švariai nuvalykite keptuvę.

c) Įdėkite vištieną į didelį dubenį ir pagardinkite po 1,5 arbatinio šaukštelio druskos ir juodųjų pipirų. Įpilkite likusį alyvuogių aliejų, kardamoną, gvazdikėlius ir cinamoną ir rankomis viską gerai išmaišykite. Dar kartą įkaitinkite keptuvę ir dėkite į ją vištieną bei prieskonius.

d) Apkepkite 5 minutes iš kiekvienos pusės ir išimkite iš keptuvės (tai svarbu, nes vištiena iškepa iš dalies). Prieskoniai gali likti keptuvėje, bet nesijaudinkite, jei jie prilips prie vištienos.

e) Taip pat pašalinkite didžiąją dalį likusio aliejaus, palikdami tik ploną plėvelę apačioje. Suberkite ryžius, karamelizuotą svogūną, 1 arbatinį šaukštelį druskos ir daug juodųjų pipirų. Raugerškes nusausinkite ir taip pat suberkite. Gerai išmaišykite ir apkeptą vištieną grąžinkite į keptuvę, įstumdami į ryžius.

f) Ryžius ir vištieną užpilkite verdančiu vandeniu, uždenkite keptuvę ir virkite ant labai mažos ugnies 30 minučių. Nuimkite keptuvę nuo ugnies, nuimkite dangtį, greitai uždėkite ant keptuvės švarų rankšluostį ir vėl uždarykite dangčiu. Palikite indą netrukdomą dar 10 minučių. Galiausiai suberkite žoleles ir šakute įmaišykite jas ir supurtykite ryžius. Paragaukite ir, jei reikia, įberkite dar druskos ir pipirų. Patiekite karštą arba šiltą su jogurtu, jei norite.

62.Jautienos kukuliai su Fava pupelėmis ir citrina

INGRIDIENTAI:

- 4½ šaukšto alyvuogių aliejaus
- 2⅓ puodeliai / 350 g fava pupelių, šviežių arba šaldytų
- 4 sveikų čiobrelių šakelių
- 6 skiltelės česnako, supjaustytos
- 8 žalieji svogūnai, supjaustyti kampu į ¾ colio / 2 cm segmentus
- 2½ šaukštai šviežiai spaustų citrinų sulčių
- 2 puodeliai / 500 ml vištienos sultinio
- druskos ir šviežiai maltų juodųjų pipirų
- 1½ šaukštelio susmulkintų plokščialapių petražolių, mėtų, krapų ir kalendros, pabaigai

MĖSĖS KUMULĖLIAI

- 10 uncijų / 300 g maltos jautienos
- 5 uncijos / 150 g maltos avienos
- 1 vidutinio dydžio svogūnas, smulkiai pjaustytas
- 1 puodelis / 120 g duonos trupinių
- po 2 šaukštus susmulkintų plokščialapių petražolių, mėtų, krapų ir kalendros
- 2 didelės česnako skiltelės, susmulkintos
- 4 šaukšteliai baharat prieskonių mišinio (pirkta parduotuvėje arba žr. receptą)
- 4 šaukšteliai maltų kmynų
- 2 šaukšteliai kaparėlių, pjaustytų
- 1 kiaušinis, sumuštas

INSTRUKCIJOS:

a) Sudėkite visus mėsos kukulių ingredientus į didelį maišymo dubenį. Įberkite ¾ arbatinio šaukštelio druskos ir daug juodųjų pipirų ir gerai išmaišykite rankomis. Suformuokite maždaug tokio pat dydžio kaip stalo teniso kamuoliukus. Itin didelėje keptuvėje su dangčiu ant vidutinės ugnies įkaitinkite 1 valgomąjį šaukštą alyvuogių aliejaus. Pusę kotletų apkepkite, apversdami, kol jie paruduos, maždaug 5 minutes. Išimkite, į keptuvę įpilkite dar 1½ arbatinio šaukštelio alyvuogių aliejaus ir kepkite kitą mėsos kukulių partiją. Išimkite iš keptuvės ir nuvalykite.

b) Kol kepa kotletai, pupeles suberkite į puodą su dideliu kiekiu pasūdyto verdančio vandens ir blanširuokite 2 minutes. Nusausinkite ir atnaujinkite po šaltu vandeniu. Nuimkite odeles nuo pusės pupelių ir išmeskite odeles.
c) Likusius 3 šaukštus alyvuogių aliejaus įkaitinkite ant vidutinės ugnies toje pačioje keptuvėje, kurioje kepėte kotletus. Sudėkite čiobrelius, česnaką ir žaliąjį svogūną ir pakepinkite 3 minutes. Įpilkite neluptų fava pupelių, 1½ šaukšto citrinos sulčių, ⅓ puodelio / 80 ml sultinio, ¼ arbatinio šaukštelio druskos ir daug juodųjų pipirų. Pupelės turi būti beveik apsemtos skysčiu. Uždenkite keptuvę ir virkite ant mažos ugnies 10 minučių.
d) Grąžinkite kotletus į keptuvę, kurioje laikomos fava pupelės. Supilkite likusį sultinį, uždenkite keptuvę ir švelniai troškinkite 25 minutes. Paragaukite padažo ir pakoreguokite prieskonius. Jei jis labai skystas, nuimkite dangtį ir šiek tiek sumažinkite. Kai mėsos kukuliai nustos virti, jie sugers daug sulčių, todėl įsitikinkite, kad šiuo metu dar yra daug padažo. Dabar galite palikti kotletus nuo ugnies, kol paruošite patiekti.
e) Prieš patiekdami, pašildykite kotletus ir, jei reikia, įpilkite šiek tiek vandens, kad gautųsi pakankamai padažo. Sudėkite likusias žoleles, likusį 1 šaukštą citrinos sulčių ir nuluptas pupeles ir labai švelniai išmaišykite. Patiekite iš karto.

63. Avienos kukuliai su raugerškiais, jogurtu ir žolelėmis

INGRIDIENTAI:

- 1⅔ svaro / 750 g maltos avienos
- 2 vidutiniai svogūnai, smulkiai pjaustyti
- ⅔ uncijos / 20 g plokščialapių petražolių, smulkiai pjaustytų
- 3 skiltelės česnako, susmulkintos
- ¾ šaukštelio maltų kvapiųjų pipirų
- ¾ šaukštelio malto cinamono
- 6 šaukštai / 60 g raugerškių
- 1 didelis laisvai laikomas kiaušinis
- 6½ šaukštai / 100 ml saulėgrąžų aliejaus
- 1½ svaro / 700 g bananų ar kitų didelių askaloninių česnakų, nuluptų
- ¾ puodelio plius 2 šaukštai / 200 ml baltojo vyno
- 2 puodeliai / 500 ml vištienos sultinio
- 2 lauro lapai
- 2 čiobrelių šakelės
- 2 šaukšteliai cukraus
- 5 uncijos / 150 g džiovintų figų
- 1 puodelis / 200 g graikiško jogurto
- 3 šaukštai sumaišytų mėtų, kalendros, krapų ir peletrūno, stambiai suplėšytų
- druskos ir šviežiai maltų juodųjų pipirų

INSTRUKCIJOS:

a) Į didelį dubenį sudėkite ėrieną, svogūnus, petražoles, česnaką, kvapiuosius pipirus, cinamoną, raugerškius, kiaušinį, 1 arbatinį šaukštelį druskos ir ½ arbatinio šaukštelio juodųjų pipirų. Išmaišykite rankomis, tada susukite į maždaug golfo kamuoliukų dydžio kamuoliukus.

b) Trečdalį aliejaus įkaitinkite ant vidutinės ugnies dideliame, storadugniame puode, kuriam turite sandariai užsidarantį dangtį. Įdėkite keletą kotletų ir kepkite ir apverskite keletą minučių, kol jie išvis nuspalvins. Išimkite iš puodo ir atidėkite į šalį. Likusius kotletus kepkite taip pat.

c) Nuvalykite puodą ir supilkite likusį aliejų. Sudėkite askaloninius česnakus ir kepkite ant vidutinės ugnies 10 minučių, dažnai maišydami, kol taps auksinės rudos spalvos. Įpilkite vyno, palikite burbuliuoti minutę ar dvi, tada supilkite

vištienos sultinį, lauro lapus, čiobrelius, cukrų, šiek tiek druskos ir pipirų. Išdėliokite figas ir kotletus tarp askaloninių česnakų ir ant jų; kotletus reikia beveik apsemti skysčiu. Užvirkite, uždenkite dangčiu, sumažinkite ugnį iki labai mažos ir palikite troškintis 30 minučių. Nuimkite dangtį ir troškinkite dar apie valandą, kol padažas sumažės ir sustiprės skonis. Paragaukite ir, jei reikia, įberkite druskos ir pipirų.
d) Perkelkite į didelį, gilų serviravimo indą. Jogurtą išplakite, užpilkite ant viršaus ir pabarstykite žolelėmis.

64. Polpettonas

INGRIDIENTAI:
- 3 dideli laisvai laikomi kiaušiniai
- 1 valgomasis šaukštas susmulkintų plokščialapių petražolių
- 2 šaukšteliai alyvuogių aliejaus
- 1 svaras / 500 g maltos jautienos
- 1 puodelis / 100 g duonos trupinių
- ½ puodelio / 60 g nesūdytų pistacijų
- ½ puodelio / 80 g kornišonų (3 arba 4), supjaustytų ⅜ colio / 1 cm gabalėliais
- 7 uncijos / 200 g virto jautienos liežuvio (arba kumpio), plonais griežinėliais
- 1 didelė morka, supjaustyta gabalėliais
- 2 salierų stiebeliai, supjaustyti gabalėliais
- 1 čiobrelio šakelė
- 2 lauro lapai
- ½ svogūno, supjaustyto
- 1 šaukštelis vištienos sultinio pagrindo
- verdančio vandens, virti
- druskos ir šviežiai maltų juodųjų pipirų

SALSINA VERDE
- 2 uncijos / 50 g plokščialapių petražolių šakelių
- 1 skiltelė česnako, susmulkinta
- 1 valgomasis šaukštas kaparėlių
- 1 valgomasis šaukštas šviežiai spaustų citrinos sulčių
- 1 valgomasis šaukštas baltojo vyno acto
- 1 didelis laisvai laikomas kiaušinis, kietai virtas ir nuluptas
- ⅔ puodelio / 150 ml alyvuogių aliejaus
- 3 šaukštai duonos trupinių, geriausia šviežių
- druskos ir šviežiai maltų juodųjų pipirų

INSTRUKCIJOS:
a) Pradėkite nuo plokščio omleto gaminimo. Suplakite 2 kiaušinius, kapotas petražoles ir žiupsnelį druskos. Didelėje keptuvėje (apie 28 cm skersmens) ant vidutinės ugnies įkaitinkite alyvuogių aliejų ir supilkite kiaušinius. Virkite 2–3 minutes nemaišydami, kol kiaušiniai sustings į ploną omletą. Atidėkite į šalį, kad atvėstų.

b) Dideliame dubenyje sumaišykite jautieną, duonos trupinius, pistacijas, kornišonus, likusį kiaušinį, 1 arbatinį šaukštelį druskos ir ½ arbatinio šaukštelio pipirų. Ant darbo paviršiaus padėkite didelį švarų rankšluostį (galite naudoti seną rankšluostį, kurio negailite atsikratyti; jo nuvalymas bus nedidelis pavojus). Dabar paimkite mėsos mišinį ir paskleiskite jį ant rankšluosčio, rankomis suformuokite stačiakampį diską, ⅜ colio / 1 cm storio ir maždaug 12 x 10 colių / 30 x 25 cm. Laikykite švarius audinio kraštus.

c) Uždenkite mėsą liežuvio griežinėliais, palikdami ¾ colio / 2 cm aplink kraštą. Omletą supjaustykite į 4 plačias juosteles ir tolygiai paskleiskite ant liežuvio.

d) Pakelkite audinį, kad galėtumėte pradėti sukti mėsą į vidų iš vienos iš plačių kraštų. Toliau kočiokite mėsą į didelę dešros formą, naudodamiesi rankšluosčiu. Galų gale norisi tankaus, želė vyniotinį primenančio kepalo, kurio išorėje būtų malta jautiena, o centre – omletas. Uždenkite kepalą rankšluosčiu, gerai suvyniokite, kad jis būtų sandarus viduje. Suriškite galus virvele ir po rąstu pakiškite perteklinį audinį, kad gautumėte tvirtai surištą ryšulį.

e) Įdėkite ryšulį į didelę keptuvę arba olandišką orkaitę. Aplink kepalą išmeskite morkas, salierus, čiobrelius, laurus, svogūnus ir sultinio pagrindą ir užpilkite verdančiu vandeniu, kad jis beveik apsemtų. Uždenkite puodą dangčiu ir palikite troškintis 2 valandas.

f) Išimkite kepalą iš keptuvės ir atidėkite į šalį, kad nutekėtų dalis skysčio (iš brakonieriavimo sultinio būtų puikus sriubos pagrindas). Po maždaug 30 minučių ant viršaus uždėkite ką nors sunkaus, kad išsiskirtų daugiau sulčių. Kai kepalas pasieks kambario temperatūrą, įdėkite į šaldytuvą, dar uždengtą audiniu, kad gerai atšaltų 3–4 valandoms.

g) Padažui visus ingredientus sudėkite į virtuvinį kombainą ir plakite iki stambios konsistencijos (arba, jei norite kaimiško įvaizdžio, petražoles, kaparėlius ir kiaušinį susmulkinkite rankomis ir išmaišykite su likusiais ingredientais). Paragaukite ir sureguliuokite prieskonius.

h) Norėdami patiekti, nuimkite kepalą nuo rankšluosčio, supjaustykite ⅜ colio / 1 cm storio griežinėliais ir sluoksniuokite ant serviravimo lėkštės. Padažą patiekite ant šono.

65. Avinėlio šavarma

INGRIDIENTAI:
- 2 šaukšteliai juodųjų pipirų
- 5 sveiki gvazdikėliai
- ½ šaukštelio kardamono ankščių
- ¼ šaukštelio ožragės sėklų
- 1 šaukštelis pankolio sėklų
- 1 valgomasis šaukštas kmynų sėklų
- 1 žvaigždinis anyžius
- ½ cinamono lazdelės
- ½ viso muskato riešuto, tarkuoto
- ¼ šaukštelio malto imbiero
- 1 valgomasis šaukštas saldžiosios paprikos
- 1 valgomasis šaukštas žagrenių
- 2½ šaukštelio Maldon jūros druskos
- 1 uncija / 25 g šviežio imbiero, tarkuoto
- 3 skiltelės česnako, susmulkintos
- ⅔ puodelio / 40 g kapotos kalendros, stiebų ir lapų
- ¼ puodelio / 60 ml šviežiai spaustų citrinų sulčių
- ½ puodelio / 120 ml žemės riešutų aliejaus
- 1 ėriuko koja su kaulais, maždaug 5½–6½ svaro / 2,5–3 kg
- 1 puodelis / 240 ml verdančio vandens

INSTRUKCIJOS:

a) Pirmuosius 8 ingredientus sudėkite į ketaus keptuvę ir sausai paskrudinkite ant vidutinės-stiprios ugnies minutę ar dvi, kol prieskoniai pradės pūsti ir išlaisvins savo aromatus. Saugokitės, kad jų nesudegintumėte. Suberkite muskato riešutą, imbierą ir papriką, pakepinkite dar kelias sekundes, kad tik įkaistų, tada perkelkite į prieskonių malūnėlį. Prieskonius sutrinkite iki vientisos masės. Perkelkite į vidutinį dubenį ir įmaišykite visus likusius ingredientus, išskyrus ėrieną.

b) Mažu aštriu peiliu įrėžkite ėriuko koją keliose vietose, per riebalus ir mėsą padarykite 1,5 cm gylio įpjovas, kad marinatas įsigertų. Įdėkite į didelę kepimo skardą ir ištrinkite marinatu. ėriena; rankomis gerai įmasažuokite mėsą. Uždenkite keptuvę aliuminio folija ir palikite bent porai valandų arba, geriausia, per naktį.

c) Įkaitinkite orkaitę iki 325°F / 170°C.
d) Pašaukite ėrieną į orkaitę riebia puse į viršų ir kepkite iš viso apie 4,5 valandos, kol mėsa visiškai suminkštės.
e) Po 30 minučių kepimo į keptuvę įpilkite verdančio vandens ir kas valandą aptepkite mėsą šiuo skysčiu.
f) Jei reikia, įpilkite daugiau vandens ir įsitikinkite, kad keptuvės dugne visada yra apie ¼ colio / 0,5 cm. Paskutines 3 valandas avieną uždenkite folija, kad nepridegtų prieskoniai. Baigę išimkite avieną iš orkaitės ir palikite 10 minučių pailsėti prieš drožiami ir patiekdami.
g) Paimkite šešias atskiras pitos kišenes ir gausiai ištepkite jas viduje su užtepu, sumaišius ⅔ puodelį / 120 g pjaustytų konservuotų pomidorų, 2 arbatinius šaukštelius / 20 g harisos pastos, 4 arbatinius šaukštelius / 20 g pomidorų pastos, 1 šaukštą alyvuogių aliejaus ir šiek tiek druskos. ir pipirų. Kai ėriena bus paruošta, pašildykite pitas karštoje keptuvėje, kol jos iš abiejų pusių pasidarys gražios dėmės.
h) Supjaustykite šiltą avieną ir supjaustykite 1,5 cm juostelėmis. Sukraukite juos ant kiekvienos šiltos pitos, šaukštu užpilkite šiek tiek kepimo skysčių iš keptuvės, sumažinkite ir užbaikite susmulkintu svogūnu, kapotomis petražolėmis ir pabarstykite žagrenių.

66.Lašišos kepsniai Chraimeh padaže

INGRIDIENTAI:
- ½ puodelio / 110 ml saulėgrąžų aliejaus
- 3 šaukštai universalių miltų
- 4 lašišos kepsniai, apie 1 svaras / 950 g
- 6 skiltelės česnako, stambiai supjaustytos
- 2 šaukšteliai saldžiosios paprikos
- 1 valgomasis šaukštas kmynų, sausai paskrudintų ir šviežiai sumaltų
- 1½ šaukštelio maltų kmynų
- suapvalinti ¼ šaukštelio kajeno pipirų
- suapvalinto ¼ šaukštelio malto cinamono
- 1 žalia čili, stambiai pjaustyta
- ⅔ puodelio / 150 ml vandens
- 3 šaukštai pomidorų pastos
- 2 šaukšteliai itin smulkaus cukraus
- 1 citrina, supjaustyta į 4 skilteles ir 2 šaukštai šviežiai spaustų citrinos sulčių
- 2 šaukštai stambiai pjaustytos kalendros
- druskos ir šviežiai maltų juodųjų pipirų

INSTRUKCIJOS:

a) Didelėje keptuvėje su dangčiu ant stiprios ugnies įkaitinkite 2 šaukštus saulėgrąžų aliejaus. Miltus suberkite į negilų dubenį, pagardinkite druska, pipirais ir suberkite į jį žuvį. Nukratykite miltų perteklių ir apkepkite žuvį minutę ar dvi iš abiejų pusių iki auksinės spalvos. Išimkite žuvį ir švariai nuvalykite keptuvę.

b) Į virtuvinį kombainą sudėkite česnaką, prieskonius, čili ir 2 šaukštus saulėgrąžų aliejaus ir sumaišykite, kad susidarytų tiršta pasta. Gali tekti įpilti šiek tiek daugiau aliejaus, kad viskas susimaišytų.

c) Į keptuvę supilkite likusį aliejų, gerai įkaitinkite ir suberkite prieskonių pastą. Maišydami pakepinkite vos 30 sekundžių, kad nesudegtų prieskoniai. Greitai, bet atsargiai (gali spjaudyti!) įpilkite vandens ir pomidorų pastos, kad prieskoniai nevirtų. Užvirinkite ir suberkite cukrų, citrinos sultis, ¾ arbatinio šaukštelio druskos ir šiek tiek pipirų. Paragaukite prieskonių.

d) Sudėkite žuvį į padažą, užvirkite ant silpnos ugnies, uždenkite keptuvę ir kepkite 7–11 minučių, priklausomai nuo žuvies dydžio, kol iškeps. Nuimkite keptuvę nuo ugnies, nuimkite dangtį ir palikite atvėsti. Patiekite žuvį tiesiog šiltą arba kambario temperatūros. Kiekvieną porciją papuoškite kalendra ir citrinos skiltele.

67. Marinuota saldžiarūgštė žuvis

INGRIDIENTAI:
- 3 šaukštai alyvuogių aliejaus
- 2 vidutiniai svogūnai, supjaustyti ⅜ colių / 1 cm griežinėliais (iš viso 3 puodeliai / 350 g)
- 1 valgomasis šaukštas kalendros sėklų
- 2 paprikos (1 raudona ir 1 geltona), perpjautos išilgai, išsėtos sėklomis ir supjaustytos ⅜ colio / 1 cm pločio juostelėmis (3 puodeliai / iš viso 300 g)
- 2 skiltelės česnako, susmulkintos
- 3 lauro lapai
- 1½ šaukštelio kario miltelių
- 3 pomidorai, pjaustyti (iš viso 2 puodeliai / 320 g)
- 2½ šaukštelio cukraus
- 5 šaukštai sidro acto
- 1 svaras / 500 g polloko, menkės, otas, juodadėmės menkės ar kitos baltos žuvies filė, padalintos į 4 lygias dalis
- prieskonių universalūs miltai, skirti dulkėms
- 2 ypač dideli kiaušiniai, sumušti
- ⅓ puodelio / 20 g kapotos kalendros

druskos ir šviežiai maltų juodųjų pipirų

NSTRUKCIJOS:
a) Įkaitinkite orkaitę iki 375°F / 190°C.
b) Įkaitinkite 2 šaukštus alyvuogių aliejaus didelėje orkaitėje atsparioje keptuvėje arba olandiškoje orkaitėje ant vidutinės ugnies. Suberkite svogūnus ir kalendros sėklas ir virkite 5 minutes, dažnai maišydami. Sudėkite pipirus ir kepkite dar 10 minučių. Suberkite česnaką, lauro lapus, kario miltelius ir pomidorus ir virkite dar 8 minutes, retkarčiais pamaišydami. Įpilkite cukraus, acto, 1½ arbatinio šaukštelio druskos ir šiek tiek juodųjų pipirų ir toliau virkite dar 5 minutes.
c) Tuo tarpu likusį 1 šaukštą aliejaus įkaitinkite atskiroje keptuvėje ant vidutinės-stiprios ugnies. Žuvį pabarstykite druska, pamerkite į miltus, paskui į kiaušinius ir kepkite apie 3 minutes, vieną kartą apversdami. Perkelkite žuvį ant popierinių rankšluosčių, kad susigertų aliejaus perteklius, tada sudėkite į keptuvę su paprikomis ir svogūnais, atstumdami daržoves į šalį, kad žuvis atsidurtų keptuvės dugne. Įpilkite tiek vandens, kad žuvis būtų panardinta į skystį (apie 1 puodelį / 250 ml).
d) Keptuvę pašaukite į orkaitę 10–12 minučių, kol žuvis iškeps. Išimkite iš orkaitės ir palikite atvėsti iki kambario temperatūros. Žuvis dabar gali būti patiekiama, bet iš tikrųjų ji geresnė po dienos ar dviejų šaldytuve. Prieš patiekdami paragaukite ir, jei reikia, įberkite druskos ir pipirų bei papuoškite kalendra.

GARUOTAS IR SALOTOS

68. Batata Harra (aštrios libanietiškos bulvės)

INGRIDIENTAI:
4 didelės bulvės, nuluptos ir supjaustytos mažais kubeliais
1/4 puodelio alyvuogių aliejaus
5 skiltelės česnako, susmulkintos
1 arbatinis šaukštelis maltos kalendros
1 arbatinis šaukštelis maltų kmynų
1 arbatinis šaukštelis paprikos
1/2 arbatinio šaukštelio kajeno pipirų (koreguokite pagal skonį)
Druska, pagal skonį
Šviežios kalendros arba petražolės, susmulkintos (garnyrui)
Citrinos griežinėliai (patiekimui)

INSTRUKCIJOS:
Bulvių kubelius suberkite į puodą su pasūdytu vandeniu ir užvirkite.
Virkite bulves apie 5–7 minutes, kol jos šiek tiek suminkštės, bet ne iki galo iškeps.
Nusausinkite bulves ir atidėkite į šalį.
Didelėje keptuvėje arba keptuvėje ant vidutinės ugnies įkaitinkite alyvuogių aliejų.
Suberkite susmulkintą česnaką ir pakepinkite minutę, kol pasidarys kvapnus.
Į keptuvę suberkite maltą kalendrą, maltus kmynus, papriką, kajeno pipirus ir druską. Gerai išmaišykite, kad prieskoniai susimaišytų su česnaku ir aliejumi.
Į keptuvę sudėkite plikytų bulvių kubelius, išmeskite, kad tolygiai pasidengtų prieskonių mišiniu.
Virkite bulves apie 15-20 minučių arba tol, kol jos taps auksinės rudos spalvos, o kraštai taps traškūs.
Kai bulvės išvirs, papuoškite kapotomis šviežiomis kalendra arba petražolėmis.
Patiekite karštą su citrinos skilteles ant šono, kad galėtumėte išspausti bulves.
Batata Harra galite patiekti su česnakiniu padažu (toum), kad gautumėte papildomo skonio.

69. Apverstas baklažanas

INGRIDIENTAI:
- 1 kg baklažanų
- Žiupsnelis druskos
- 2 puodeliai augalinio aliejaus
- Žiupsnelis paprikos
- 3 puodeliai Vandens
- Žiupsnelis cinamono miltelių
- 300 g jautienos maltos mėsos
- 1 1/2 puodelio ryžių (nuplauti ir nusausinti)
- 2 šaukštai skrudintų pušies riešutų

INSTRUKCIJOS:
a) Baklažaną supjaustykite į 12 apvalių plonų griežinėlių, tada 10 minučių pamerkite į vandenį dubenyje. Išmirkę išimkite baklažano skilteles ir nusausinkite.
b) Įkaitinkite aliejų ir dalimis sudėkite baklažanus. Apkepkite baklažanus iš abiejų pusių.
c) Padėkite ant virtuvinio popieriaus, kad nuvarvėtų, ir atidėkite.
d) Kitoje keptuvėje su trupučiu aliejaus paskrudinkite kedro riešutus.
e) Mėsą sudėkite į nepridegančią keptuvę, nuolat maišykite ant ugnies, kol ji taps rudos spalvos.
f) Į mėsą suberkite prieskonius, druską ir gerai išmaišykite.
g) Į puodą sudėkite baklažano griežinėlius, tada suberkite žalius ryžius su pusantro puodelio vandens, šiek tiek druskos ir ghi. Uždenkite, kol ryžiai išvirs.
h) Į gilų indą sudėkite pušies riešutus, tada mėsą, baklažanus, tada ryžius. Ant viršaus uždėkite plokščią lėkštę ir apverskite indą.

70. Skrudintos žiedinių kopūstų ir lazdyno riešutų salotos

INGRIDIENTAI:
- 1 žiedinio kopūsto galva, susmulkinta į mažus žiedynus (iš viso 1½ svaro / 660 g)
- 5 šaukštai alyvuogių aliejaus
- 1 didelis saliero stiebas, kampu supjaustytas ¼ colio / 0,5 cm griežinėliais (⅔ puodelis / iš viso 70 g)
- 5 šaukštai / 30 g lazdyno riešutų, su odele
- ⅓ puodelio / 10 g smulkių plokščialapių petražolių lapelių, nuskintų
- ⅓ puodelio / 50 g granatų sėklų (iš maždaug ½ vidutinio granato)
- gausus ¼ šaukštelio malto cinamono
- gausus ¼ šaukštelio maltų kvapiųjų pipirų
- 1 šaukštas šerio acto
- 1½ šaukštelio klevų sirupo
- druskos ir šviežiai maltų juodųjų pipirų

INSTRUKCIJOS:
a) Įkaitinkite orkaitę iki 425°F / 220°C.
b) Sumaišykite žiedinį kopūstą su 3 šaukštais alyvuogių aliejaus, ½ arbatinio šaukštelio druskos ir šiek tiek juodųjų pipirų. Paskleiskite keptuvėje ir kepkite ant viršutinės orkaitės grotelės 25–35 minutes, kol žiedinis kopūstas taps traškus, o dalis jų taps auksinės rudos spalvos. Perkelkite į didelį maišymo dubenį ir atidėkite, kad atvėstų.
c) Sumažinkite orkaitės temperatūrą iki 325°F / 170°C. Lazdyno riešutus paskleiskite ant kepimo popieriumi išklotos skardos ir kepkite 17 minučių.
d) Riešutams leiskite šiek tiek atvėsti, tada stambiai supjaustykite ir suberkite į žiedinį kopūstą kartu su likusiu aliejumi ir kitais ingredientais. Išmaišykite, paragaukite ir atitinkamai pagardinkite druska ir pipirais. Patiekite kambario temperatūroje.

71.Fricassee salotos

INGRIDIENTAI:
- 4 rozmarino šakelės
- 4 lauro lapai
- 3 šaukštai juodųjų pipirų
- apie 1⅔ puodelio / 400 ml aukščiausios kokybės pirmojo spaudimo alyvuogių aliejaus
- 10½ uncijos / 300 g tuno kepsnys, vienas arba du gabalėliai
- 1⅓ svaro / 600 g Yukon Gold bulvių, nuluptų ir supjaustytų ¾ colio / 2 cm gabalėliais
- ½ šaukštelio maltos ciberžolės
- 5 ančiuvių filė, stambiai supjaustyta
- 3 šaukštai harisos pastos (pirkta parduotuvėje arba žr. receptą)
- 4 šaukštai kaparėlių
- 2 šaukšteliai smulkiai pjaustytos konservuotos citrinos žievelės (pirkta parduotuvėje arba žr. receptą)
- ½ puodelio / 60 g juodųjų alyvuogių, be kauliukų ir perpjautų per pusę
- 2 šaukštai šviežiai spaustų citrinų sulčių
- 5 uncijos / 140 g konservuotų piquillo pipirų (apie 5 pipirai), suplėšyti į šiurkščias juosteles
- 4 dideli kiaušiniai, kietai virti, nulupti ir supjaustyti ketvirčiais
- 2 vaikiškos brangakmenių salotos (iš viso apie 5 uncijos / 140 g), lapai atskirti ir suplėšyti
- ⅔ uncijos / 20 g plokščialapių petražolių, lapai nuskinti ir suplėšyti
- druskos

INSTRUKCIJOS:

a) Norėdami paruošti tuną, į nedidelį puodą suberkite rozmariną, lauro lapus, pipirų žirnelius ir įpilkite alyvuogių aliejaus. Įkaitinkite aliejų iki šiek tiek žemiau virimo temperatūros, kai ant paviršiaus pradės atsirasti mažyčiai burbuliukai. Atsargiai supilkite tuną (tunas turi būti visiškai uždengtas; jei ne, įkaitinkite daugiau aliejaus ir supilkite į keptuvę). Nukelkite nuo ugnies ir palikite kelioms valandoms, neuždengę dangčio, tada uždenkite keptuvę ir laikykite šaldytuve mažiausiai 24 valandas.

b) Virkite bulves su ciberžole dideliu kiekiu pasūdyto verdančio vandens 10–12 minučių, kol iškeps. Atsargiai nusausinkite ir įsitikinkite, kad ciberžolės vanduo neišsiliejo (dėmes sunku pašalinti!), ir sudėkite į didelį maišymo dubenį. Kol bulvės dar karštos, suberkite ančiuvius, harisą, kaparėlius, konservuotą citriną, alyvuoges, 6 šaukštus / 90 ml tunų konservavimo aliejaus ir dalį aliejaus iš pipirų. Švelniai išmaišykite ir palikite atvėsti.

c) Iš likusio aliejaus iškelkite tuną, supjaustykite kąsnio dydžio gabalėliais ir sudėkite į salotas. Įpilkite citrinos sulčių, paprikos, kiaušinių, salotų ir petražolių. Švelniai išmaišykite, paragaukite, jei reikia, įberkite druskos ir, galbūt, daugiau aliejaus, tada patiekite.

72.Vištienos ir žolelių salotos su šafranu

INGRIDIENTAI:
- 1 apelsinas
- 2½ šaukšto / 50 g medaus
- ½ šaukštelio šafrano siūlų
- 1 valgomasis šaukštas baltojo vyno acto
- 1¼ puodelio / apie 300 ml vandens
- 2¼ svaro / 1 kg vištienos krūtinėlės be odos, be kaulų
- 4 šaukštai alyvuogių aliejaus
- 2 mažos pankolio svogūnėliai, plonais griežinėliais
- 1 puodelis / 15 g nuskintų kalendros lapelių
- ⅔ puodelio / 15 g nuskintų baziliko lapelių, suplėšytų
- 15 nuskintų mėtų lapelių, suplėšytų
- 2 šaukštai šviežiai spaustų citrinų sulčių
- 1 raudona čili, plonais griežinėliais
- 1 skiltelė česnako, susmulkinta
- druskos ir šviežiai maltų juodųjų pipirų

INSTRUKCIJOS:

a) Įkaitinkite orkaitę iki 400°F / 200°C. Nupjaukite ir išmeskite ⅜ colio / 1 cm nuo apelsino viršūnės ir uodegos ir supjaustykite į 12 skiltelių, nepažeisdami odos. Pašalinkite visas sėklas.

b) Sudėkite griežinėlius į nedidelį puodą su medumi, šafranu, actu ir tiek vandens, kad apsemtų apelsinų skilteles. Užvirinkite ir švelniai troškinkite apie valandą. Pabaigoje turėtų likti minkštas apelsinas ir maždaug 3 šaukštai tiršto sirupo; virimo metu įpilkite vandens, jei skysčio labai mažai. Virtuviniu kombainu sutrinkite apelsiną ir sirupą iki vientisos, skystos pastos; vėl, jei reikia, įpilkite šiek tiek vandens.

c) Vištienos krūtinėlę sumaišykite su puse alyvuogių aliejaus ir daug druskos bei pipirų ir padėkite ant labai karštos keptuvės. Kepkite maždaug po 2 minutes iš kiekvienos pusės, kad ant jos būtų aiškiai matomos sudeginimo žymės. Perkelkite į kepimo skardą ir pašaukite į orkaitę 15–20 minučių, kol iškeps.

d) Kai vištiena pakankamai atvės, kad ją būtų galima apdoroti, bet vis dar šilta, suplėšykite ją rankomis į šiurkščius, gana didelius gabalėlius. Sudėkite į didelį maišymo dubenį, supilkite pusę apelsinų pastos ir gerai išmaišykite. (Kitą pusę galite laikyti šaldytuve keletą dienų. Tai puikiai tiks prie žolelių salsos, patiekiant su riebiomis žuvimis, tokiomis kaip skumbrė ar lašiša.) Į salotas sudėkite likusius ingredientus, įskaitant likusias salotas. alyvuogių aliejaus ir švelniai išplakite. Paragaukite, įberkite druskos, pipirų ir, jei reikia, dar alyvuogių aliejaus ir citrinos sulčių.

73. Šakninių daržovių salotas su labneh

INGRIDIENTAI:
- 3 vidutiniai burokėliai (iš viso 1 svaras / 450 g)
- 2 vidutinės morkos (iš viso 9 uncijos / 250 g)
- ½ saliero šaknies (iš viso 10 uncijų / 300 g)
- 1 vidutinio dydžio kaliaropė (iš viso 9 uncijos / 250 g)
- 4 šaukštai šviežiai spaustų citrinų sulčių
- 4 šaukštai alyvuogių aliejaus
- 3 šaukštai šerio acto
- 2 šaukšteliai itin smulkaus cukraus
- ¾ puodelio / 25 g kalendros lapų, stambiai pjaustytų
- ¾ puodelio / 25 g mėtų lapelių, susmulkintų
- ⅔ puodelio / 20 g plokščialapių petražolių lapelių, stambiai pjaustytų
- ½ šaukštelio tarkuotos citrinos žievelės
- 1 puodelis / 200 g labneh (pirkta parduotuvėje arba žr. receptą)
- druskos ir šviežiai maltų juodųjų pipirų
- Visas daržoves nulupkite ir supjaustykite plonais griežinėliais, maždaug 1/16 mažos karštos čili, smulkiai pjaustytos

INSTRUKCIJOS:
a) Į nedidelį puodą supilkite citrinos sultis, alyvuogių aliejų, actą, cukrų ir 1 arbatinį šaukštelį druskos. Užvirkite ant silpnos ugnies ir maišykite, kol cukrus ir druska ištirps. Nukelkite nuo ugnies.
b) Nusausinkite daržovių juosteles ir perkelkite ant popierinio rankšluosčio, kad gerai išdžiūtų. Išdžiovinkite dubenį ir pakeiskite daržoves. Karštą padažą užpilkite ant daržovių, gerai išmaišykite ir palikite atvėsti. Dėkite į šaldytuvą bent 45 minutėms.
c) Paruošę patiekti, į salotas suberkite žoleles, citrinos žievelę ir 1 arbatinį šaukštelį juodųjų pipirų. Gerai išmaišykite, paragaukitc ir, jei reikia, įberkite dar druskos. Sukraukite ant serviravimo lėkščių ir patiekite su trupučiu labneh šone.

74. Tabbouleh

INGRIDIENTAI:
- 1 puodelis bulgur kviečių
- 2 stiklines verdančio vandens
- 3 puodeliai šviežių petražolių, smulkiai pjaustytų
- 1 puodelis šviežių mėtų, smulkiai pjaustytų
- 4 pomidorai, smulkiai supjaustyti
- 1 agurkas, smulkiai pjaustytas
- 1/2 raudonojo svogūno, smulkiai supjaustyto
- 1/4 puodelio alyvuogių aliejaus
- 2 citrinų sultys
- Druska ir pipirai pagal skonį

INSTRUKCIJOS:

a) Sudėkite bulgurą į dubenį ir užpilkite verdančiu vandeniu. Uždenkite ir leiskite pastovėti apie 20 minučių arba kol vanduo susigers.
b) Bulgurą suplakite šakute ir atvėsinkite.
c) Dideliame dubenyje sumaišykite pjaustytas petražoles, mėtas, pomidorus, agurką ir raudonąjį svogūną.
d) Atvėsusį bulgurą sudėkite į daržoves.
e) Nedideliame dubenyje sumaišykite alyvuogių aliejų, citrinos sultis, druską ir pipirus. Supilkite ant salotų ir sumaišykite.
f) Pagardinkite prieskonius pagal skonį ir prieš patiekdami atšaldykite.

75.Mišrios pupelių salotos

INGRIDIENTAI:
- 10 uncijų / 280 g geltonųjų pupelių, nupjautų (jei nėra, padvigubinkite šparaginių pupelių kiekį)
- 10 uncijų / 280 g šparaginių pupelių, apipjaustytų
- 2 raudonieji pipirai, supjaustyti ¼ colio / 0,5 cm juostelėmis
- 3 šaukštai alyvuogių aliejaus ir 1 šaukštelis paprikoms
- 3 skiltelės česnako, smulkiai supjaustytos
- 6 šaukštai / 50 g kaparėlių, nuplauti ir nusausinti
- 1 šaukštelis kmynų sėklų
- 2 šaukšteliai kalendros sėklų
- 4 žalieji svogūnai, plonais griežinėliais
- ⅓ puodelio / 10 g peletrūno, stambiai supjaustyto
- ⅔ puodelio / 20 g nuskintų vyšnių lapų (arba skintų krapų ir susmulkintų petražolių mišinio)
- nutarkuota 1 citrinos žievelė
- druskos ir šviežiai maltų juodųjų pipirų

INSTRUKCIJOS:

a) Įkaitinkite orkaitę iki 450°F / 220°C.
b) Didelę keptuvę su dideliu kiekiu vandens užvirinkite ir suberkite geltonąsias pupeles. Po 1 minutės suberkite šparagines pupeles ir virkite dar 4 minutes arba tol, kol pupelės iškeps, bet dar traškios. Atnaujinkite po lediniu vandeniu, nusausinkite, nusausinkite ir sudėkite į didelį maišymo dubenį.
c) Tuo tarpu paprikas įmeskite į 1 arbatinį šaukštelį aliejaus, paskleiskite ant kepimo skardos ir pašaukite į orkaitę 5 minutėms arba kol suminkštės. Išimkite iš orkaitės ir sudėkite į dubenį su virtomis pupelėmis.
d) Nedideliame puode įkaitinkite 3 šaukštus alyvuogių aliejaus. Įdėkite česnaką ir kepkite 20 sekundžių; suberkite kaparėlius (atsargiai, jie spjauna!) ir pakepinkite dar 15 sekundžių.
e) Suberkite kmynus ir kalendros sėklas ir toliau kepkite dar 15 sekundžių. Česnakas jau turėjo tapti auksinis. Nukelkite nuo ugnies ir keptuvės turinį iš karto supilkite ant pupelių. Išmeskite ir suberkite žaliuosius svogūnus, žoleles, citrinos žievelę, ¼ arbatinio šaukštelio druskos ir juodųjų pipirų.
f) Patiekite arba laikykite šaldytuve iki paros. Tik nepamirškite prieš patiekiant pašildyti iki kambario temperatūros.

76. Kolrabi salotos

INGRIDIENTAI:
- 3 vidutinio dydžio kaliaropės (iš viso 1⅔ svaro / 750 g)
- ⅓ puodelio / 80 g graikiško jogurto
- 5 šaukštai / 70 g grietinės
- 3 šaukštai maskarponės sūrio
- 1 nedidelė česnako skiltelė, susmulkinta
- 1½ šaukštelio šviežiai spaustų citrinų sulčių
- 1 valgomasis šaukštas alyvuogių aliejaus
- 2 šaukštai smulkiai susmulkintų šviežių mėtų
- 1 šaukštelis džiovintų mėtų
- apie 12 šakelių / 20 g kūdikių rėžiukų
- ¼ šaukštelio žagrenių
- druskos ir baltųjų pipirų

INSTRUKCIJOS:

a) Nulupkite kaliaropes, supjaustykite 1,5 cm kubeliais ir sudėkite į didelį dubenį. Atidėkite į šalį ir pagaminkite padažą.

b) Į vidutinį dubenį sudėkite jogurtą, grietinę, maskarponę, česnaką, citrinos sultis ir alyvuogių aliejų. Įpilkite ¼ arbatinio šaukštelio druskos ir maltų pipirų ir išplakite iki vientisos masės. Supilkite užpilą į kaljaropes, po to šviežias ir džiovintas mėtas ir pusę rėžiukų.

c) Švelniai išmaišykite, tada padėkite ant serviravimo indo. Ant viršaus užtepkite likusius rėžiukus ir pabarstykite žagreniais.

77. Prieskonių avinžirnių ir daržovių salotos

INGRIDIENTAI:

- ½ puodelio / 100 g džiovintų avinžirnių
- 1 šaukštelis kepimo sodos
- 2 maži agurkai (iš viso 10 uncijų / 280 g)
- 2 dideli pomidorai (iš viso 10½ uncijos / 300 g)
- 8½ uncijos / 240 g ridikėlių
- 1 raudonoji paprika, pašalinta iš sėklų ir šonkaulių
- 1 mažas raudonasis svogūnas, nuluptas
- ⅔ uncijos / 20 g kalendros lapų ir stiebų, stambiai pjaustytų
- ½ uncijos / 15 g plokščialapių petražolių, stambiai pjaustytų
- 6 šaukštai / 90 ml alyvuogių aliejaus
- nutarkuota 1 citrinos žievelė ir 2 šaukštai sulčių
- 1½ šaukštelio šerio acto
- 1 skiltelė česnako, susmulkinta
- 1 šaukštelis itin smulkaus cukraus
- 1 šaukštelis malto kardamono
- 1½ šaukštelio maltų kvapiųjų pipirų
- 1 šaukštelis maltų kmynų
- graikiško jogurto (nebūtina)
- druskos ir šviežiai maltų juodųjų pipirų

INSTRUKCIJOS:

a) Džiovintus avinžirnius per naktį pamirkykite dideliame dubenyje su dideliu kiekiu šalto vandens ir kepimo soda. Kitą dieną nusausinkite, sudėkite į didelį puodą ir užpilkite vandeniu, dvigubai didesniu nei avinžirnių tūris. Užvirinkite ir troškinkite, nugriebdami visas putas, maždaug valandą, kol visiškai suminkštės, tada nusausinkite.

b) Agurką, pomidorą, ridikėlį ir pipirus supjaustykite ⅔ colio / 1,5 cm kubeliais; svogūną supjaustykite 0,5 cm kubeliais. Viską sumaišykite dubenyje su kalendra ir petražolėmis.

c) Indelyje arba sandariame inde sumaišykite 5 šaukštus / 75 ml alyvuogių aliejaus, citrinos sultis ir žievelę, actą, česnaką ir cukrų ir gerai išmaišykite, kad susidarytų padažas, tada pagal skonį pagardinkite druska ir pipirais. Užpilkite padažu ant salotų ir lengvai išplakite.

d) Sumaišykite kardamoną, kvapiuosius pipirus, kmynus ir ¼ šaukštelio druskos ir paskleiskite ant lėkštės. Išvirusius avinžirnius keliomis partijomis suberkite į prieskonių mišinį, kad gerai pasidengtų. Keptuvėje ant vidutinės ugnies įkaitinkite likusį alyvuogių aliejų ir lengvai pakepinkite avinžirnius 2–3 minutes, švelniai pakratydami keptuvę, kad iškeptų tolygiai ir nepriliptų. Laikyti šiltai.

e) Padalinkite salotas į keturias lėkštes, išdėliodami dideliu apskritimu, o ant viršaus šaukštu suberkite šiltus prieskoninius avinžirnius, kad salotų kraštas būtų skaidrus. Ant viršaus galite apšlakstyti graikiško jogurto, kad salotos būtų kreminės.

78. Aštrios burokėlių, porų ir graikinių riešutų salotos

INGRIDIENTAI:

- 4 vidutiniai burokėliai (iš viso ⅓ lb / 600 g po virimo ir nulupimo)
- 4 vidutiniai porai, supjaustyti 4 colių / 10 cm segmentais (iš viso 4 puodeliai / 360 g)
- ½ uncijos / 15 g kalendros, stambiai pjaustytos
- 1¼ puodelio / 25 g rukolos
- ⅓ puodelio / 50 g granatų sėklų (nebūtina)
- APRENGIMAS
- 1 puodelis / 100 g graikinių riešutų, stambiai pjaustytų
- 4 skiltelės česnako, smulkiai supjaustytos
- ½ šaukštelio čili dribsniai
- ¼ puodelio / 60 ml sidro acto
- 2 šaukštai tamarindo vandens
- ½ šaukštelio graikinių riešutų aliejaus
- 2½ šaukšto žemės riešutų aliejaus
- 1 šaukštelis druskos

INSTRUKCIJOS:

a) Įkaitinkite orkaitę iki 425°F / 220°C.
b) Burokėlius po vieną suvyniokite į aliuminio foliją ir kepkite orkaitėje 1–1,5 valandos, priklausomai nuo jų dydžio. Iškepus, turėtumėte galėti lengvai įsmeigti nedidelį peilį į centrą. Išimkite iš orkaitės ir atidėkite atvėsti.
c) Kai burokėliai pakankamai atvės, kad galėtumėte juos apdoroti, nulupkite, per pusę ir kiekvieną pusę supjaustykite ⅜ colio / 1 cm storio pleištais prie pagrindo. Sudėkite į vidutinį dubenį ir atidėkite.
d) Porus sudėkite į vidutinę keptuvę su pasūdytu vandeniu, užvirkite ir troškinkite 10 minučių, kol iškeps; svarbu švelniai troškinti ir neperkepti, kad nesubyrėtų. Nusausinkite ir atnaujinkite po šaltu vandeniu, tada labai aštriu dantytu peiliu supjaustykite kiekvieną segmentą į 3 mažesnius gabalus ir nusausinkite. Perkelkite į dubenį, atskirkite nuo burokėlių ir atidėkite.
e) Kol daržovės kepa, sumaišykite visus padažo ingredientus ir palikite vienoje pusėje bent 10 minučių, kad visi skoniai susijungtų.

f) Graikinių riešutų padažą ir kalendrą po lygiai paskirstykite tarp burokėlių ir porų ir švelniai išmeskite. Paragaukite abu ir, jei reikia, įberkite daugiau druskos.
g) Norėdami sudėti salotas, didžiąją dalį burokėlių paskleiskite ant lėkštės, ant viršaus uždėkite rukolos, tada didžiąją dalį porų, tada likusių burokėlių ir užbaikite dar porais ir rukola. Jei naudojate, pabarstykite granatų sėklomis ir patiekite.

79. Stambios cukinijų ir pomidorų salotos

INGRIDIENTAI:
- 8 šviesiai žalios cukinijos arba paprastos cukinijos (iš viso apie 2¼ svarų / 1 kg)
- 5 dideli, labai prinokę pomidorai (iš viso 1¾ svaro / 800 g)
- 3 šaukštai alyvuogių aliejaus ir papildomai pabaigai
- 2½ puodelio / 300 g graikiško jogurto
- 2 skiltelės česnako, susmulkintos
- 2 raudoni čili, išskobti ir susmulkinti
- tarkuotos 1 vidutinės citrinos žievelės ir 2 šaukštai šviežiai spaustų citrinos sulčių
- 1 valgomasis šaukštas datulių sirupo ir papildomai užbaigti
- 2 puodeliai / 200 g graikinių riešutų, stambiai pjaustytų
- 2 šaukštai kapotų mėtų
- ⅔ oz / 20 g plokščialapių petražolių, susmulkintų
- druskos ir šviežiai maltų juodųjų pipirų

INSTRUKCIJOS:

a) Įkaitinkite orkaitę iki 425°F / 220°C. Ant stiprios ugnies uždėkite rievėtą kepsninę.

b) Cukinijas nupjaukite ir perpjaukite per pusę išilgai. Pomidorus taip pat perpjaukite per pusę. Cukinijas ir pomidorus aptepkite alyvuogių aliejumi nupjautą pusę ir pagardinkite druska bei pipirais.

c) Šiuo metu keptuvė turėtų būti karšta. Pradėkite nuo cukinijų. Keletą jų dėkite ant keptuvės nupjauta puse žemyn ir kepkite 5 minutes; cukinija turi būti gražiai apdegusi iš vienos pusės. Dabar išimkite cukinijas ir pakartokite tą patį procesą su pomidorais. Daržoves sudėkite į kepimo skardą ir pašaukite į orkaitę apie 20 minučių, kol cukinijos labai suminkštės.

d) Išimkite keptuvę iš orkaitės ir leiskite daržovėms šiek tiek atvėsti. Juos stambiai supjaustykite ir palikite 15 minučių kiaurasamtyje nuvarvėti.

e) Dideliame dubenyje suplakite jogurtą, česnaką, čili, citrinos žievelę ir sultis bei melasą. Sudėkite pjaustytas daržoves, graikinius riešutus, mėtas ir didžiąją dalį petražolių ir gerai išmaišykite. Pagardinkite ¾ arbatinio šaukštelio druskos ir šiek tiek pipirų.

f) Perkelkite salotas į didelę, negilią serviravimo lėkštę ir paskleiskite. Papuoškite likusiomis petražolėmis. Galiausiai apšlakstykite datulių sirupu ir alyvuogių aliejumi.

80.Petražolių ir miežių salotos

INGRIDIENTAI:
- ¼ puodelio / 40 g perlinių kruopų
- 5 uncijos / 150 g fetos sūrio
- 5½ šaukšto alyvuogių aliejaus
- 1 šaukštelis za'atar
- ½ šaukštelio kalendros sėklų, lengvai paskrudintų ir sutrintų
- ¼ šaukštelio maltų kmynų
- 3 uncijos / 80 g plokščialapių petražolių, lapų ir plonų stiebų
- 4 žalieji svogūnai, smulkiai pjaustyti (⅓ puodelio / iš viso 40 g)
- 2 skiltelės česnako, susmulkintos
- ⅓ puodelio / 40 g anakardžių riešutų, lengvai paskrudintų ir stambiai sutrintų
- 1 žalia paprika, išskobta ir supjaustyta ⅜ colio / 1 cm kubeliais
- ½ šaukštelio maltų kvapiųjų pipirų
- 2 šaukštai šviežiai spaustų citrinų sulčių
- druskos ir šviežiai maltų juodųjų pipirų

INSTRUKCIJOS:
a) Perlines kruopas sudėkite į nedidelį prikaistuvį, užpilkite dideliu kiekiu vandens ir virkite 30–35 minutes, kol suminkštės, bet lengvai suminkštės. Supilkite į smulkų sietelį, suplakite, kad neliktų visas vanduo, ir supilkite į didelį dubenį.
b) Fetą sulaužykite į šiurkščius, maždaug ¾ colio / 2 cm dydžio gabalėlius ir nedideliame dubenyje sumaišykite su 1,5 šaukšto alyvuogių aliejaus, za'atar, kalendros sėklomis ir kmynais. Švelniai sumaišykite ir palikite marinuotis, kol ruošite likusias salotas.
c) Smulkiai supjaustykite petražoles ir sudėkite į dubenį su žaliais svogūnais, česnaku, anakardžių riešutais, pipirais, kvapniais pipirais, citrinos sultimis, likusiu alyvuogių aliejumi ir virtais miežiais. Gerai išmaišykite ir pagardinkite pagal skonį. Norėdami patiekti, padalinkite salotas į keturias lėkštes ir užpilkite marinuota feta.

81.Riebios salotos

INGRIDIENTAI:
- 2 pomidorai, supjaustyti kubeliais
- 1 agurkas, supjaustytas kubeliais
- 1 raudonasis svogūnas, smulkiai pjaustytas
- 1 žalia paprika, supjaustyta kubeliais
- 1 puodelis ridikėlių, supjaustytų
- 1 puodelis šviežių petražolių, kapotų
- 1 puodelis skrudintos pitos duonos, suplėšytos gabalėliais
- 1/4 puodelio alyvuogių aliejaus
- 2 šaukštai citrinos sulčių
- 1 arbatinis šaukštelis malto žagrenio
- Druska ir pipirai pagal skonį

INSTRUKCIJOS:
a) Dideliame dubenyje sumaišykite pomidorus, agurką, raudonąjį svogūną, žaliąją papriką, ridikėlius ir petražoles.
b) Sudėkite skrudintus pita duonos gabalėlius.
c) Nedideliame dubenyje sumaišykite alyvuogių aliejų, citrinos sultis, žagrenį, druską ir pipirus.
d) Užpilkite padažu ant salotų ir prieš patiekdami švelniai išmaišykite.

82. Aštrios morkų salotos

INGRIDIENTAI:
- 6 didelės morkos, nuluptos (iš viso apie 1½ svaro / 700 g)
- 3 šaukštai saulėgrąžų aliejaus
- 1 didelis svogūnas, smulkiai pjaustytas (2 puodeliai / iš viso 300 g)
- 1 šaukštas pilpelchuma arba 2 šaukštai harisos (pirkta parduotuvėje arba žr. receptą)
- ½ šaukštelio maltų kmynų
- ½ šaukštelio kmynų, šviežiai sumaltų
- ½ šaukštelio cukraus
- 3 šaukštai sidro acto
- 1½ puodelio / 30 g rukolos lapų
- druskos

INSTRUKCIJOS:

a) Morkas sudėkite į didelį puodą, užpilkite vandeniu ir užvirkite. Sumažinkite ugnį, uždenkite ir virkite apie 20 minučių, kol morkos suminkštės. Nusausinkite ir, kai pakankamai atvės, supjaustykite ¼ colio / 0,5 cm griežinėliais.

b) Kol morkos kepa, didelėje keptuvėje įkaitiname pusę aliejaus. Sudėkite svogūną ir kepkite ant vidutinės ugnies 10 minučių iki auksinės rudos spalvos.

c) Įdėkite keptą svogūną į didelį maišymo dubenį ir įpilkite pilpelchuma, kmynų, kmynų, ¾ arbatinio šaukštelio druskos, cukraus, acto ir likusį aliejų. Sudėkite morkas ir gerai išplakite. Palikite bent 30 minučių, kad subręstų skoniai.

d) Išdėliokite salotas ant didelio lėkštės, išbarstydami rukolą.

SRIUBOS

83.Kresų ir avinžirnių sriuba su rožių vandeniu

INGRIDIENTAI:
- 2 vidutinės morkos (iš viso 9 uncijos / 250 g), supjaustytos ¾ colio / 2 cm kubeliais
- 3 šaukštai alyvuogių aliejaus
- 2½ šaukštelio ras el hanout
- ½ šaukštelio malto cinamono
- 1½ puodelio / 240 g virtų avinžirnių, šviežių arba konservuotų
- 1 vidutinio dydžio svogūnas, plonais griežinėliais
- 2½ šaukšto / 15 g nulupto ir smulkiai pjaustyto šviežio imbiero
- 2½ puodelio / 600 ml daržovių sultinio
- 7 uncijos / 200 g rėžiukų
- 3½ uncijos / 100 g špinatų lapų
- 2 šaukšteliai itin smulkaus cukraus
- 1 šaukštelis rožių vandens
- druskos
- Graikiškas jogurtas patiekimui (nebūtina)
- Įkaitinkite orkaitę iki 425°F / 220°C.

INSTRUKCIJOS:

a) Sumaišykite morkas su 1 šaukštu alyvuogių aliejaus, ras el hanout, cinamonu ir dideliu žiupsneliu druskos ir paskleiskite į kepimo skardą, išklotą pergamentiniu popieriumi. Pašaukite į orkaitę 15 minučių, tada suberkite pusę avinžirnių, gerai išmaišykite ir kepkite dar 10 minučių, kol morka suminkštės, bet vis tiek įkandins.

b) Tuo tarpu svogūną ir imbierą sudėkite į didelį puodą. Pakepinkite su likusiu alyvuogių aliejumi apie 10 minučių ant vidutinės ugnies, kol svogūnas bus visiškai minkštas ir auksinis. Suberkite likusius avinžirnius, sultinį, rėžiukus, špinatus, cukrų ir ¾ arbatinio šaukštelio druskos, gerai išmaišykite ir užvirkite. Virkite minutę ar dvi, kol lapai suvys.

c) Virtuviniu kombainu arba trintuvu sutrinkite sriubą iki vientisos masės. Įpilkite rožių vandens, išmaišykite, paragaukite ir, jei norite, įpilkite druskos arba rožių vandens. Atidėkite, kol morkos ir avinžirniai bus paruošti, tada pašildykite ir patiekite.

d) Norėdami patiekti, padalinkite sriubą į keturis dubenėlius ir užpilkite karštomis morkomis ir avinžirniais bei, jei norite, maždaug 2 arbatinius šaukštelius jogurto vienai porcijai.

84.Karšta jogurto ir miežių sriuba

INGRIDIENTAI:
- 6¾ puodeliai / 1,6 litro vandens
- 1 puodelis / 200 g perlinių kruopų
- 2 vidutiniai svogūnai, smulkiai pjaustyti
- 1½ šaukštelio džiovintų mėtų
- 4 šaukštai / 60 g nesūdyto sviesto
- 2 dideli kiaušiniai, sumušti
- 2 puodeliai / 400 g graikiško jogurto
- ⅔ uncijos / 20 g šviežių mėtų, susmulkintų
- ⅓ uncijos / 10 g plokščialapių petražolių, susmulkintų
- 3 žalieji svogūnai, plonais griežinėliais
- druskos ir šviežiai maltų juodųjų pipirų

INSTRUKCIJOS:
a) Vandenį su miežiais užvirinkite dideliame puode, įberdami 1 arbatinį šaukštelį druskos, ir troškinkite, kol miežiai išvirs, bet vis tiek al dente, 15–20 minučių. Nukelkite nuo ugnies. Išvirus, sriubai reikės 4¾ puodelių / 1,1 litro virimo skysčio; įpilkite vandens, jei liko mažiau dėl išgaravimo.
b) Kol miežiai kepa, ant vidutinės ugnies svieste pakepinkite svogūną ir džiovintas mėtas, kol suminkštės, apie 15 minučių. Įdėkite tai į virtus miežius.
c) Dideliame karščiui atspariame dubenyje išplakite kiaušinius ir jogurtą. Lėtai įmaišykite dalį miežių ir vandens, po vieną kaušelį, kol jogurtas sušils. Tai sušvelnins jogurtą ir kiaušinius ir neleis jiems suskilti, kai įpilama į karštą skystį.
d) Į sriubos puodą įpilkite jogurto ir nuolat maišydami grįžkite ant vidutinės ugnies, kol sriuba labai lengvai užvirs. Nukelkite nuo ugnies, suberkite pjaustytas žoleles ir žalius svogūnus ir patikrinkite prieskonius.
e) Patiekite karštą.

85. Cannellini pupelių ir avienos sriuba

INGRIDIENTAI:

- 1 valgomasis šaukštas saulėgrąžų aliejaus
- 1 mažas svogūnas (iš viso 5 uncijos / 150 g), smulkiai pjaustytas
- ¼ mažos saliero šaknies, nuluptos ir supjaustytos ¼ colio / 0,5 cm kubeliais (iš viso 6 uncijos / 170 g)
- 20 didelių skiltelių česnako, nuluptų, bet sveikų
- 1 šaukštelis maltų kmynų
- 1 svaras / 500 g avienos troškinio mėsos (arba jautienos, jei norite), supjaustytos ¾ colio / 2 cm kubeliais
- 7 puodeliai / 1,75 litro vandens
- ½ puodelio / 100 g džiovintų cannellini arba pinto pupelių, per naktį pamirkytų dideliame šaltame vandenyje, tada nusausintų
- 7 kardamono ankštys, lengvai sutrintos
- ½ šaukštelio maltos ciberžolės
- 2 šaukštai pomidorų pastos
- 1 šaukštelis itin smulkaus cukraus
- 9 uncijos / 250 g Yukon Gold arba kitos geltonos spalvos bulvės, nuluptos ir supjaustytos ¾ colio / 2 cm kubeliais
- druskos ir šviežiai maltų juodųjų pipirų
- duona, patiekti
- šviežiai spaustų citrinų sulčių, patiekti
- kapotos kalendros arba Zhoug

INSTRUKCIJOS:

a) Didelėje keptuvėje įkaitinkite aliejų ir ant vidutinės ugnies pakepinkite svogūną ir saliero šaknį 5 minutes arba kol svogūnas pradės ruduoti. Sudėkite česnako skilteles ir kmynus ir virkite dar 2 minutes. Nuimkite nuo ugnies ir atidėkite į šalį.

b) Įdėkite mėsą ir vandenį į didelį puodą arba olandišką orkaitę ant vidutinės ir stiprios ugnies, užvirinkite, sumažinkite ugnį ir troškinkite 10 minučių, dažnai nugriebdami paviršių, kol gausite skaidrų sultinį. Sudėkite svogūnų ir salierų šaknų mišinį, nusausintas pupeles, kardamoną, ciberžolę, pomidorų pastą ir cukrų. Užvirinkite, uždenkite ir švelniai troškinkite 1 valandą arba kol mėsa suminkštės.

c) Į sriubą suberkite bulves ir pagardinkite 1 arbatiniu šaukšteliu druskos ir ½ arbatinio šaukštelio juodųjų pipirų.
d) Vėl užvirkite, sumažinkite ugnį ir troškinkite neuždengę dar 20 minučių arba tol, kol bulvės ir pupelės suminkštės. Sriuba turi būti tiršta. Jei reikia, leiskite jam šiek tiek ilgiau burbuliuoti, kad sumažintumėte, arba įpilkite šiek tiek vandens. Paragaukite ir pridėkite daugiau prieskonių pagal savo skonį.
e) Patiekite sriubą su duona ir citrinos sultimis bei šviežia kapota kalendra arba džougu.

86. Jūros gėrybių ir pankolių sriuba

INGRIDIENTAI:

- 2 šaukštai alyvuogių aliejaus
- 4 skiltelės česnako, smulkiai supjaustytos
- 2 pankolio svogūnėliai (iš viso 10½ uncijos / 300 g), nupjauti ir supjaustyti plonais griežinėliais
- 1 didelė vaškinė bulvė (iš viso 7 uncijos / 200 g), nulupta ir supjaustyta ⅔ colio / 1,5 cm kubeliais
- 3 puodeliai / 700 ml žuvies sultinio (arba vištienos arba daržovių sultinio, jei pageidaujama)
- ½ vidutinės konservuotos citrinos (iš viso ½ uncijos / 15 g), pirktos parduotuvėje arba žiūrėkite receptą
- 1 raudona čili, supjaustyta (nebūtina)
- 6 pomidorai (iš viso 14 uncijų / 400 g), nulupti ir supjaustyti ketvirčiais
- 1 valgomasis šaukštas saldžiosios paprikos
- geras žiupsnelis šafrano
- 4 šaukštai smulkiai pjaustytų plokščialapių petražolių
- 4 jūros ešerių filė (iš viso apie 10½ uncijos / 300 g), su oda, perpjauta per pusę
- 14 midijų (iš viso apie 8 uncijos / 220 g)
- 15 moliuskų (iš viso apie 4½ uncijos / 140 g)
- 10 tigrinių krevečių (iš viso apie 8 uncijos / 220 g), su lukštais arba nuluptų ir nuluptų
- 3 šaukštai arako, ouzo arba pernodo
- 2 šaukšteliai susmulkinto peletrūno (nebūtina)
- druskos ir šviežiai maltų juodųjų pipirų

INSTRUKCIJOS:

a) Alyvuogių aliejų ir česnaką supilkite į plačią keptuvę žemu kraštu ir kepkite ant vidutinės ugnies 2 minutes nedažydami česnako. Įmaišykite pankolį ir bulves ir virkite dar 3–4 minutes. Įpilkite sultinio ir konservuotos citrinos, pagardinkite ¼ arbatinio šaukštelio druskos ir šiek tiek juodųjų pipirų, užvirinkite, tada uždenkite ir virkite ant silpnos ugnies 12–14 minučių, kol bulvės iškeps. Įdėkite čili (jei naudojate), pomidorus, prieskonius ir pusę petražolių ir virkite dar 4–5 minutes.

b) Šiuo metu įpilkite dar 1¼ puodelio / 300 ml vandens, tiesiog tiek, kiek reikia, kad galėtumėte uždengti žuvį, kad ją iškeptumėte, ir vėl užvirkite. Įpilkite jūros ešerių ir vėžiagyvių, uždenkite keptuvę ir leiskite gana stipriai virti 3–4 minutes, kol vėžiagyviai atsidarys ir krevetės pasidarys rausvos.
c) Naudodami kiaurasamtį iš sriubos išimkite žuvį ir vėžiagyvius. Jei sriuba vis dar šiek tiek vandeninga, leiskite sriubai pavirti dar kelias minutes, kad sumažėtų. Įdėkite araką ir paragaukite prieskonių.
d) Galiausiai grąžinkite vėžiagyvius ir žuvį į sriubą, kad pašildytumėte. Patiekite iš karto, papuošę likusiomis petražolėmis ir peletrūnu, jei naudojate.

87. Pistacijų sriuba

INGRIDIENTAI:
- 2 šaukštai verdančio vandens
- ¼ šaukštelio šafrano siūlų
- 1⅔ puodeliai / 200 g lukštentų nesūdytų pistacijų
- 2 šaukštai / 30 g nesūdyto sviesto
- 4 askaloniniai česnakai, smulkiai pjaustyti (iš viso 3½ uncijos / 100 g)
- 1 uncija / 25 g imbiero, nulupto ir smulkiai pjaustyto
- 1 poras, smulkiai pjaustytas (1¼ puodelio / 150 g iš viso)
- 2 šaukšteliai maltų kmynų
- 3 puodeliai / 700 ml vištienos sultinio
- ⅓ puodelio / 80 ml šviežiai spaustų apelsinų sulčių
- 1 valgomasis šaukštas šviežiai spaustų citrinos sulčių
- druskos ir šviežiai maltų juodųjų pipirų
- grietinės, patiekti

INSTRUKCIJOS:

a) Įkaitinkite orkaitę iki 350°F / 180°C. Į nedidelį puodelį šafrano siūlus užpilkite verdančiu vandeniu ir palikite 30 minučių prisitraukti.

b) Norėdami pašalinti pistacijų odeles, riešutus blanširuokite verdančiame vandenyje 1 minutę, nusausinkite ir dar karštus nuimkite odeles, riešutus spausdami tarp pirštų. Ne visos odelės nusilups taip, kaip migdolų atveju – tai gerai, nes tai neturės įtakos sriubai, – tačiau atsikračius kai kurių odelių pagerės spalva ir ji taps ryškesnė žalia. Pistacijas paskleiskite ant kepimo skardos ir kepkite orkaitėje 8 minutes. Išimkite ir palikite atvėsti.

c) Dideliame puode įkaitinkite sviestą ir suberkite askaloninius česnakus, imbierą, porą, kmynus, ½ arbatinio šaukštelio druskos ir šiek tiek juodųjų pipirų. Troškinkite ant vidutinės ugnies 10 minučių, dažnai maišydami, kol askaloniniai česnakai visiškai suminkštės. Įpilkite sultinio ir pusę šafrano skysčio. Uždenkite keptuvę, sumažinkite ugnį ir leiskite sriubai virti 20 minučių.

d) Visas pistacijas, išskyrus 1 valgomąjį šaukštą, sudėkite į didelį dubenį kartu su puse sriubos. Rankiniu trintuvu suplakite iki vientisos masės ir grąžinkite į puodą. Įpilkite apelsinų ir citrinų sulčių, pašildykite ir paragaukite, kad sureguliuotumėte prieskonius.

e) Norėdami patiekti, stambiai supjaustykite rezervuotas pistacijas. Karštą sriubą supilkite į dubenėlius ir užpilkite šaukštu grietinės. Pabarstykite pistacijomis ir apšlakstykite likusiu šafrano skysčiu.

88. Degintų baklažanų ir Mograbieh sriuba

INGRIDIENTAI:

- 5 maži baklažanai (iš viso apie 2½ svaro / 1,2 kg)
- saulėgrąžų aliejus, skirtas kepti
- 1 svogūnas, pjaustytas (apie 1 puodelis / iš viso 125 g)
- 1 valgomasis šaukštas kmynų sėklų, šviežiai sumaltų
- 1½ šaukštelio pomidorų pastos
- 2 dideli pomidorai (iš viso 12 uncijų / 350 g), nulupti ir supjaustyti kubeliais
- 1½ puodelio / 350 ml vištienos arba daržovių sultinio
- 1⅔ puodeliai / 400 ml vandens
- 4 skiltelės česnako, susmulkintos
- 2½ šaukštelio cukraus
- 2 šaukštai šviežiai spaustų citrinų sulčių
- ⅓ puodelio / 100 g mograbieh arba alternatyva, pvz., maftoul, fregola arba milžiniškas kuskusas (žr. skyrių „Kuskusas")
- 2 šaukštai susmulkinto baziliko arba 1 šaukštas kapotų krapų, nebūtina
- druskos ir šviežiai maltų juodųjų pipirų

INSTRUKCIJOS:

a) Pradėkite sudegindami tris baklažanus. Norėdami tai padaryti, vadovaukitės sudegintų baklažanų su česnaku, citrina ir granatų sėklomis instrukcijomis .

b) Likusius baklažanus supjaustykite 1,5 cm (⅔ colio) kubeliais. Dideliame puode ant vidutinės-stiprios ugnies įkaitinkite apie ⅔ puodelio / 150 ml aliejaus. Kai bus karšta, sudėkite baklažanų kubelius. Kepkite 10–15 minučių, dažnai maišydami, kol visos spalvos taps spalvos; Jei reikia, įpilkite dar šiek tiek aliejaus, kad keptuvėje visada būtų šiek tiek aliejaus. Išimkite baklažanus, sudėkite į kiaurasamtį, kad nuvarvėtų, ir pabarstykite druska.

c) Įsitikinkite, kad keptuvėje liko apie 1 šaukštą aliejaus, tada suberkite svogūną ir kmynus ir dažnai maišydami patroškinkite apie 7 minutes. Įpilkite pomidorų pastos ir virkite dar minutę prieš suberdami pomidorus, sultinį, vandenį, česnaką, cukrų, citrinos sultis, 1½ arbatinio šaukštelio druskos ir šiek tiek juodųjų pipirų. Švelniai troškinkite 15 minučių.

d) Tuo tarpu užvirkite nedidelį puodą pasūdyto vandens ir įdėkite mograbieh arba alternatyvų. Virkite iki al dente; tai priklausys nuo prekės ženklo, bet turėtų užtrukti 15–18 minučių (patikrinkite pakuotę). Nusausinkite ir atnaujinkite po šaltu vandeniu.
e) Sudegintą baklažanų minkštimą perkelkite į sriubą ir rankiniu trintuvu sutrinkite iki vientisos masės. Sudėkite mograbieh ir keptus baklažanus, šiek tiek pasilikite papuošimui pabaigoje ir troškinkite dar 2 minutes. Paragaukite ir sureguliuokite prieskonius. Patiekite karštą, ant viršaus uždėkite rezervuotą mograbieh ir keptą baklažaną ir, jei norite, papuoškite baziliku arba krapais.

89. Pomidorų ir raugo sriuba

INGRIDIENTAI:
- 2 šaukštai alyvuogių aliejaus ir papildomai pabaigai
- 1 didelis svogūnas, susmulkintas (1⅔ stiklinės / iš viso 250 g)
- 1 šaukštelis kmynų sėklų
- 2 skiltelės česnako, susmulkintos
- 3 puodeliai / 750 ml daržovių sultinio
- 4 dideli prinokę pomidorai, supjaustyti (4 puodeliai / 650 g iš viso)
- viena 14 uncijų / 400 g skardinė pjaustytų itališkų pomidorų
- 1 valgomasis šaukštas itin smulkaus cukraus
- 1 riekelė raugintos duonos (iš viso 1½ uncijos / 40 g)
- 2 šaukštai kapotos kalendros ir papildomai užbaigti
- druskos ir šviežiai maltų juodųjų pipirų

INSTRUKCIJOS:

a) Vidutiniame puode įkaitinkite aliejų ir suberkite svogūną. Troškinkite apie 5 minutes, dažnai maišydami, kol svogūnas taps skaidrus. Suberkite kmynus ir česnaką ir pakepinkite 2 minutes. Supilkite sultinį, abiejų rūšių pomidorus, cukrų, 1 arbatinį šaukštelį druskos ir truputi maltų juodųjų pipirų.

b) Užvirinkite sriubą ant silpnos ugnies ir virkite 20 minučių, įpusėjus kepimui suberti duoną, suplėšytą gabalėliais.

c) Galiausiai suberkite kalendrą ir trintuvu sumaišykite keliais gabalėliais, kad pomidorai suirtų, bet vis tiek būtų šiek tiek stambūs ir stambūs. Sriuba turi būti gana tiršta; įpilkite šiek tiek vandens, jei šiuo metu jis per tirštas. Patiekite apšlakstę aliejumi ir pabarstę šviežia kalendra.

90.Skaidri vištienos sriuba su knaidlach

INGRIDIENTAI:

- 1 laisvėje auginama vištiena, maždaug 4½ svaro / 2 kg, padalinta į ketvirčius, su visais kaulais, be to, jei galite jų gauti, ir bet kokiais papildomais sparneliais ar kaulais, kuriuos galite gauti iš mėsininko
- 1½ šaukštelio saulėgrąžų aliejaus
- 1 puodelis / 250 ml sauso baltojo vyno
- 2 morkos, nuluptos ir supjaustytos ¾ colio / 2 cm griežinėliais (iš viso 2 puodeliai / 250 g)
- 4 salierų stiebai (iš viso apie 10½ uncijos / 300 g), supjaustyti 2½ colio / 6 cm segmentais
- 2 vidutiniai svogūnai (iš viso apie 12 uncijų / 350 g), supjaustyti į 8 skilteles
- 1 didelė ropė (7 uncijos / 200 g), nulupta, nulupta ir supjaustyta į 8 dalis
- 2 uncijos / 50 g kekė plokščialapių petražolių
- 2 uncijos / 50 g kalendros
- 5 čiobrelių šakelės
- 1 nedidelė rozmarino šakelė
- ¾ uncijos / 20 g krapų ir papildomai papuošimui
- 3 lauro lapai
- 3½ uncijos / 100 g šviežio imbiero, plonais griežinėliais
- 20 juodųjų pipirų
- 5 kvapiųjų pipirų uogos
- druskos

KNAIDLACHAS

- 2 ypač dideli kiaušiniai
- 2½ šaukštai / 40 g margarino arba vištienos riebalų, ištirpinti ir šick tiek atvėsti
- 2 šaukštai smulkiai pjaustytų plokščialapių petražolių
- ⅔ puodelio / 75 g matzo miltų
- 4 šaukštai sodos vandens
- druskos ir šviežiai maltų juodųjų pipirų

INSTRUKCIJOS:

a) Norėdami pagaminti knaidlachą, išplakite kiaušinius vidutiniame dubenyje iki putų. Supilkite ištirpintą margariną, tada ½ arbatinio šaukštelio druskos, šiek tiek juodųjų pipirų ir petražolių. Palaipsniui įmaišykite matzo miltus, po to sodos vandenį ir išmaišykite iki vientisos masės. Uždenkite dubenį ir atvėsinkite tešlą, kol ji bus šalta ir tvirta, bent valandą ar dvi ir iki 1 dienos.

b) Kepimo skardą išklokite plastikine plėvele. Drėgnomis rankomis ir šaukštu iš tešlos suformuokite mažų graikinių riešutų dydžio rutuliukus ir dėkite ant kepimo skardos.

c) Įmeskite matzo rutuliukus į didelį puodą su švelniai verdančiu pasūdytu vandeniu. Iš dalies uždenkite dangčiu ir sumažinkite ugnį iki minimumo. Švelniai troškinkite, kol suminkštės, apie 30 minučių.

d) Naudodami kiaurasamtį, perkelkite knaidlach ant švarios kepimo skardos, kur jie gali atvėsti, o tada atšaldykite iki dienos. Arba jie gali eiti tiesiai į karštą sriubą.

e) Sriubai nupjaukite riebalų perteklių nuo vištienos ir išmeskite. Supilkite aliejų į labai didelį puodą arba olandišką orkaitę ir apkepkite vištienos gabaliukus ant stiprios ugnies iš visų pusių 3–4 minutes. Išimkite iš keptuvės, išpilkite aliejų ir nuvalykite keptuvę.

f) Įpilkite vyno ir palikite minutę burbuliuoti. Grąžinkite vištieną, užpilkite vandeniu ir labai švelniai užvirkite. Troškinkite apie 10 minučių, nugriebdami nuosėdas.

g) Sudėkite morkas, salierus, svogūnus ir ropes. Visas žoleles suriškite į ryšulį virvele ir suberkite į puodą. Suberkite lauro lapus, imbierą, pipirų žirnelius, kvapiuosius pipirus ir 1½ šaukštelio druskos ir užpilkite tiek vandens, kad viskas gerai apsemtų.

h) Sriubą vėl užvirkite ant silpnos ugnies ir virkite 1½ valandos, retkarčiais nugriebdami ir prireikus įpildami vandens, kad viskas gerai apsemtų. Vištieną iškelkite iš sriubos ir nuimkite mėsą nuo kaulų. Mėsą laikykite dubenyje su trupučiu sultinio, kad būtų drėgna, ir atšaldykite; rezervuoti kitam naudojimui.

i) Kaulus grąžinkite į puodą ir troškinkite dar valandą, įpildami tiek vandens, kad kaulai ir daržovės būtų apsemti. Karštą sriubą nukoškite ir išmeskite žoleles, daržoves ir kaulus. Išvirtą knaidlachą pašildykite sriuboje.

j) Kai jie bus karšti, patiekite sriubą ir knaidlach negiliuose dubenėliuose, apibarsčiusiais krapais.

91. Aštri freekeh sriuba su kotletais

INGRIDIENTAI:
- 14 uncijų / 400 g maltos jautienos, ėrienos arba abiejų derinio
- 1 mažas svogūnas (iš viso 5 uncijos / 150 g), smulkiai pjaustytas
- 2 šaukštai smulkiai pjaustytų plokščialapių petražolių
- ½ šaukštelio maltų kvapiųjų pipirų
- ¼ šaukštelio malto cinamono
- 3 šaukštai universalių miltų
- 2 šaukštai alyvuogių aliejaus
- druskos ir šviežiai maltų juodųjų pipirų
- SRIUBA
- 2 šaukštai alyvuogių aliejaus
- 1 didelis svogūnas (iš viso 9 uncijos / 250 g), susmulkintas
- 3 skiltelės česnako, susmulkintos
- 2 morkos (iš viso 9 uncijos / 250 g), nuluptos ir supjaustytos ⅜ colio / 1 cm kubeliais
- 2 salierų stiebai (iš viso 5 uncijos / 150 g), supjaustyti ⅜ colio / 1 cm kubeliais
- 3 dideli pomidorai (iš viso 12 uncijų / 350 g), supjaustyti
- 2½ šaukšto / 40 g pomidorų pastos
- 1 valgomasis šaukštas baharat prieskonių mišinio (pirktas parduotuvėje arba žr. receptą)
- 1 valgomasis šaukštas maltos kalendros
- 1 cinamono lazdelė
- 1 valgomasis šaukštas itin smulkaus cukraus
- 1 puodelis / 150 g krekingo freekeh
- 2 puodeliai / 500 ml jautienos sultinio
- 2 puodeliai / 500 ml vištienos sultinio
- 3¼ puodeliai / 800 ml karšto vandens
- ⅓ uncijos / 10 g kalendros, susmulkintos
- 1 citrina, supjaustyta į 6 skilteles

INSTRUKCIJOS:

a) Pradėkite nuo mėsos kukulių. Dideliame dubenyje sumaišykite mėsą, svogūną, petražoles, kvapiuosius pipirus, cinamoną, ½ arbatinio šaukštelio druskos ir ¼ arbatinio šaukštelio pipirų. Rankomis gerai išmaišykite, tada iš mišinio suformuokite stalo teniso dydžio rutuliukus ir apvoliokite juos miltuose; gausite apie 15. Didelėje olandiškoje orkaitėje įkaitinkite alyvuogių aliejų ir kepkite kotletus ant vidutinės ugnies keletą minučių, kol iš visų pusių apskrus. Išimkite kotletus ir atidėkite į šalį.

b) Išvalykite keptuvę popieriniais rankšluosčiais ir įpilkite alyvuogių aliejaus sriubai. Ant vidutinės ugnies pakepinkite svogūną ir česnaką 5 minutes. Įmaišykite morkas ir salierą ir virkite 2 minutes. Suberkite pomidorus, pomidorų pastą, prieskonius, cukrų, 2 arbatinius šaukštelius druskos ir ½ arbatinio šaukštelio pipirų ir virkite dar 1 minutę. Įmaišykite freekeh ir virkite 2–3 minutes. Įpilkite sulčių, karšto vandens ir kotletų. Užvirinkite, sumažinkite ugnį ir labai švelniai troškinkite dar 35–45 minutes retkarčiais pamaišydami, kol „freekeh" bus putlus ir minkštas. Sriuba turi būti gana tiršta. Jei reikia, sumažinkite arba įpilkite šiek tiek vandens. Galiausiai paragaukite ir sureguliuokite prieskonius.

c) Karštą sriubą supilkite į serviravimo dubenėlius ir pabarstykite kalendra. Šonuose patiekite citrinos skilteles.

DESERTAS

92.Sfouf (ciberžolės pyragas)

INGRIDIENTAI:
2 puodeliai manų kruopų
1 puodelis universalių miltų
2 puodeliai cukraus
1 valgomasis šaukštas maltos ciberžolės
1 arbatinis šaukštelis maltų anyžių
1 arbatinis šaukštelis malto mahlab (nebūtina)
1 valgomasis šaukštas kepimo miltelių
1 puodelis augalinio aliejaus
1 puodelis vandens
1 šaukštas tahini (kepei patepti)
Skrudinti pušies riešutai arba migdolai (garnyrui)

INSTRUKCIJOS:
Įkaitinkite orkaitę iki 350 ° F (180 ° C).
Kvadratinę arba stačiakampę kepimo formą ištepkite tahini.
Dideliame dubenyje sumaišykite manų kruopas, universalius miltus, cukrų, maltą ciberžolę, maltą anyžių, maltą mahlabą (jei naudojate) ir kepimo miltelius. Gerai ismaisyti.
Į sausus ingredientus įpilkite augalinio aliejaus ir išmaišykite. Palaipsniui įpilkite vandens, nuolat maišydami, kol gausite vientisą tešlą.
Tešlą supilkite į riebalais išteptą kepimo formą, tolygiai paskirstydami.
Tešlos viršų papuoškite skrudintais pušies riešutais arba migdolais, juos lengvai įspauskite į tešlą.
Kepkite įkaitintoje orkaitėje apie 30-35 minutes arba tol, kol į centrą įsmeigtas dantų krapštukas išeis švarus.
Leiskite sfouf atvėsti keptuvėje, prieš supjaustydami jį kvadratais ar deimantais.

93.Mamoul su datulėmis

INGRIDIENTAI:
TEŠLAI:
- 3 stiklinės manų kruopų
- 1 puodelis universalių miltų
- 1 stiklinė nesūdyto sviesto, lydyto
- 1/2 puodelio granuliuoto cukraus
- 1/4 puodelio rožių vandens arba apelsinų žiedų vandens
- 1/4 stiklinės pieno
- 1 arbatinis šaukštelis kepimo miltelių

DAT UŽPILDYTI:
- 2 stiklinės datulių be kauliukų, pjaustytų
- 1/2 stiklinės vandens
- 1 valgomasis šaukštas sviesto
- 1 arbatinis šaukštelis malto cinamono

DULKĖTI (PASIRENKAMA):
- Cukraus pudra, skirta dulkinimui

INSTRUKCIJOS:
UŽPILDYMO DATA:
a) Puode sumaišykite pjaustytas datules, vandenį, sviestą ir maltą cinamoną.
b) Virkite ant vidutinės ugnies nuolat maišydami, kol datulės suminkštės ir mišinys sutirštės iki pastos konsistencijos.
c) Nukelkite nuo ugnies ir leiskite atvėsti.

MAMOUL TEŠLA:
d) Dideliame dubenyje sumaišykite manų kruopas, universalius miltus ir kepimo miltelius.
e) Į miltų mišinį supilkite ištirpintą sviestą ir gerai išmaišykite.
f) Atskirame dubenyje sumaišykite cukrų, rožių vandenį (arba apelsinų žiedų vandenį) ir pieną. Maišykite, kol cukrus ištirps.
g) Supilkite skystą mišinį į miltų mišinį ir minkykite iki vientisos tešlos. Jei tešla per daug trapi, galima įpilti dar šiek tiek lydyto sviesto arba pieno.
h) Uždenkite tešlą ir palikite pastovėti apie 30 minučių iki valandos.
i) „MAMOUL" slapukų surinkimas:
j) Įkaitinkite orkaitę iki 350 ° F (175 ° C).

k) Paimkite nedidelę tešlos dalį ir suformuokite rutulį. Išlyginkite rutulį rankoje ir įdėkite nedidelį kiekį datulių įdaro į centrą.
l) Uždenkite įdarą tešla, suformuokite lygų rutulį arba kupolo formą. Jei turite, dekoravimui galite naudoti Mamoul formeles.
m) Pripildytus sausainius dėkite ant kepimo popieriumi išklotos skardos.
n) Kepkite 15-20 minučių arba kol dugnai taps auksinės spalvos. Viršutinė spalva gali labai nepakeisti.
o) Leiskite sausainiams keletą minučių atvėsti ant kepimo skardos, prieš perkeldami juos ant grotelių, kad visiškai atvėstų.

PASIRENKAMA dulkių valymas:
p) Kai Mamoul sausainiai visiškai atvės, galite juos apibarstyti cukraus pudra.

94.Baklava

INGRIDIENTAI:
- 1 pakuotė filo tešlos
- 1 stiklinė nesūdyto sviesto, lydyto
- 2 puodeliai sumaišytų riešutų (graikinių riešutų, pistacijų), smulkiai pjaustytų
- 1 puodelis granuliuoto cukraus
- 1 arbatinis šaukštelis malto cinamono
- 1 puodelis medaus
- 1/4 puodelio vandens
- 1 arbatinis šaukštelis rožių vandens (nebūtina)

INSTRUKCIJOS:
a) Įkaitinkite orkaitę iki 350°F (175°C).
b) Dubenyje susmulkintus riešutus sumaišykite su cukrumi ir cinamonu.
c) Į riebalais išteptą kepimo skardą dėkite filo tešlos lakštą, aptepkite tirpintu sviestu ir kartokite apie 10 sluoksnių.
d) Ant filo pabarstykite sluoksnį riešutų mišinio.
e) Tęskite filo ir riešutų sluoksnius, kol baigsis ingredientai, užbaikite viršutiniu filo sluoksniu.
f) Aštriu peiliu supjaustykite baklavą rombo arba kvadrato formomis.
g) Kepkite 45-50 minučių arba iki auksinės rudos spalvos.
h) Kol baklava kepa, puode ant silpnos ugnies pakaitinkite medų, vandenį ir rožių vandenį (jei naudojate).
i) Kai baklava bus paruošta, iš karto užpilkite karštu medaus mišiniu.
j) Prieš patiekdami leiskite baklavai atvėsti.

95.Mafroukeh (Semolinos ir migdolų desertas)

INGRIDIENTAI:

- 2 puodeliai manų kruopų
- 1 puodelis nesūdyto sviesto
- 1 puodelis granuliuoto cukraus
- 1 puodelis nenugriebto pieno
- 1 puodelis blanširuotų migdolų, paskrudintų ir susmulkintų
- Paprastas sirupas (1 puodelis cukraus, 1/2 puodelio vandens, 1 arbatinis šaukštelis apelsinų žiedų vandens, virinamas iki sirupo)

INSTRUKCIJOS:

a) Keptuvėje ištirpinkite sviestą ir suberkite manų kruopas. Nuolat maišykite iki auksinės rudos spalvos.
b) Įpilkite cukraus ir toliau maišykite, kol gerai susimaišys.
c) Maišant lėtai pilkite pieną, kad nesusidarytų gumuliukų. Virkite, kol mišinys sutirštės.
d) Nukelkite nuo ugnies ir įmaišykite skrudintus bei smulkintus migdolus.
e) Supilkite mišinį į serviravimo indą ir leiskite atvėsti.
f) Supjaustykite deimantų formomis ir užpilkite paruoštu paprastu sirupu ant mafroukeh.
g) Prieš patiekdami leiskite jam susigerti sirupui.

96.Raudonųjų pipirų ir keptų kiaušinių galetai

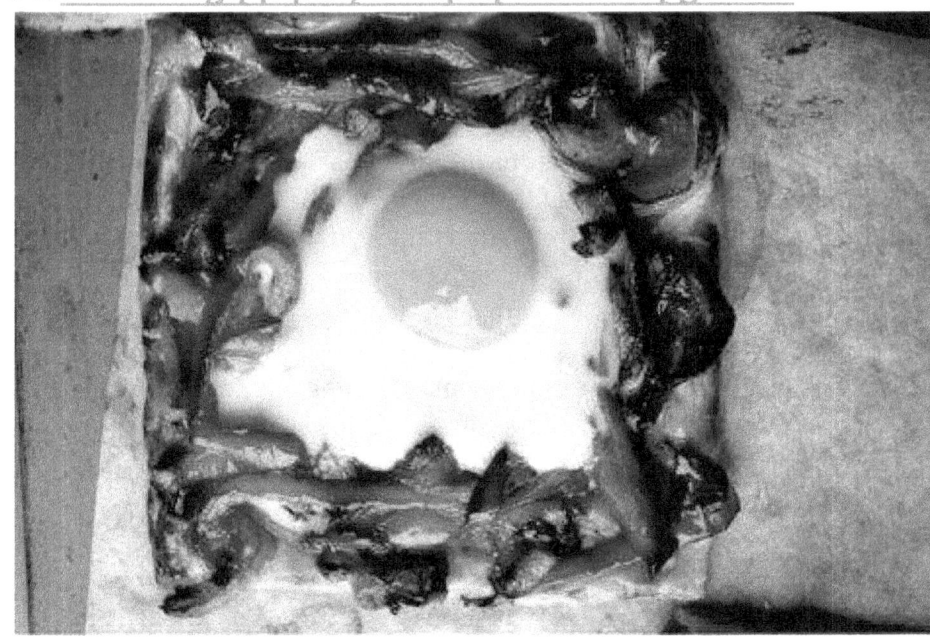

INGRIDIENTAI:

- 4 vidutinės raudonosios paprikos, perpjautos per pusę, išskobtos ir supjaustytos ⅜ colio / 1 cm pločio juostelėmis
- 3 maži svogūnai, perpjauti per pusę ir supjaustyti ¾ colio / 2 cm pločio griežinėliais
- 4 čiobrelių šakelės, lapai nuskinti ir susmulkinti
- 1½ šaukštelio maltos kalendros
- 1½ šaukštelio maltų kmynų
- 6 šaukštai alyvuogių aliejaus ir papildomai pabaigai
- 1½ šaukšto plokščialapių petražolių lapų, stambiai pjaustytų
- 1½ šaukšto kalendros lapelių, stambiai pjaustytų
- 9 uncijų / 250 g aukščiausios kokybės sviesto sluoksniuota tešla
- 2 šaukštai / 30 g grietinės
- 4 dideli laisvai laikomi kiaušiniai (arba 5½ uncijos / 160 g fetos sūrio, sutrupinto) ir 1 kiaušinis, lengvai sumuštas
- druskos ir šviežiai maltų juodųjų pipirų

INSTRUKCIJOS:

a) Įkaitinkite orkaitę iki 400°F / 210°C. Dideliame dubenyje sumaišykite paprikas, svogūnus, čiobrelių laiškus, maltus prieskonius, alyvuogių aliejų ir gerą žiupsnelį druskos. Paskleiskite keptuvėje ir kepkite 35 minutes, kepimo metu keletą kartų pamaišydami. Daržovės turi būti minkštos ir saldžios, bet ne per traškios ar rudos, nes keps toliau. Išimkite iš orkaitės ir įmaišykite pusę šviežių žolelių. Paragaukite prieskonių ir atidėkite į šalį. Įkaitinkite orkaitę iki 425°F / 220°C.

b) Ant lengvai miltais pabarstyto paviršiaus sluoksniuotą tešlą iškočiokite į 12 colių / 30 cm maždaug 3 mm storio kvadratą ir supjaustykite į keturis 6 colių / 15 cm kvadratus. Kvadratus subadykite šakute ir gerai išdėliokite juos ant kepimo popieriumi išklotos skardos. Palikite pailsėti šaldytuve bent 30 minučių.

c) Išimkite tešlą iš šaldytuvo, o viršų ir šonus aptepkite plaktu kiaušiniu. Naudodami poslinkio mentele arba šaukšto nugarėlę, kiekvieną kvadratą paskleiskite 1½ arbatinio šaukštelio grietinės, palikdami 0,5 cm kraštelius aplink kraštus. 3 valgomuosius šaukštus pipirų mišinio išdėliokite ant grietine padengtų kvadratėlių, palikdami aiškias kraštines, kad pakiltų. Jis turi būti paskirstytas gana tolygiai, tačiau viduryje palikite negilią duobutę, kad vėliau būtų galima laikyti kiaušinį.

d) Galettes kepkite 14 minučių. Išimkite kepimo skardą iš orkaitės ir atsargiai įmuškite visą kiaušinį į duobutę kiekvieno tešlos centre. Grąžinkite į orkaitę ir kepkite dar 7 minutes, kol kiaušiniai sustings. Pabarstykite juodaisiais pipirais ir likusiomis žolelėmis ir apšlakstykite aliejumi. Patiekite iš karto.

97. Žolelių pyragas

INGRIDIENTAI:
- 2 šaukštai alyvuogių aliejaus ir papildomai užtepti tešlą
- 1 didelis svogūnas, supjaustytas kubeliais
- 1 svaras / 500 g šveicariškas mangoldas, stiebai ir lapai smulkiai susmulkinti, bet laikomi atskirai
- 5 uncijos / 150 g salierų, plonais griežinėliais
- 1¾ uncijos / 50 g žalio svogūno, supjaustyto
- 1¾ uncijos / 50 g rukolos
- 1 uncija / 30 g plokščialapių petražolių, susmulkintų
- 1 uncija / 30 g mėtų, susmulkintų
- ¾ uncijos / 20 g krapų, susmulkintų
- 4 uncijos / 120 g anari arba rikotos sūrio, sutrupinto
- 3½ uncijos / 100 g brandinto Čedaro sūrio, tarkuoto
- 2 uncijos / 60 g fetos sūrio, susmulkinto
- nutarkuota 1 citrinos žievelė
- 2 dideli laisvai laikomi kiaušiniai
- ⅓ šaukštelio druskos
- ½ šaukštelio šviežiai maltų juodųjų pipirų
- ½ šaukštelio labai smulkaus cukraus
- 9 uncijos / 250 g filo tešlos

INSTRUKCIJOS:

a) Įkaitinkite orkaitę iki 400°F / 200°C. Supilkite alyvuogių aliejų į didelę, gilią keptuvę ant vidutinės ugnies. Sudėkite svogūną ir pakepinkite 8 minutes be rudos spalvos. Sudėkite mangoldų stiebus ir salierą ir toliau kepkite 4 minutes, retkarčiais pamaišydami. Sudėkite mangoldų lapus, padidinkite ugnį iki vidutinės ir virdami maišykite 4 minutes, kol lapai suvys. Sudėkite žalią svogūną, rukolą ir žoleles ir kepkite dar 2 minutes. Nukelkite nuo ugnies ir perkelkite į kiaurasamtį, kad atvėstų.

b) Kai mišinys atvės, išspauskite tiek vandens, kiek galite ir supilkite į maišymo dubenį. Suberkite tris sūrius, citrinos žievelę, kiaušinius, druską, pipirus, cukrų ir gerai išmaišykite.

c) Išklokite filo tešlos lakštą ir sutepkite jį alyvuogių aliejumi. Uždenkite kitu lakštu ir tęskite taip pat, kol susidarys 5 sluoksniai filo, ištepti aliejumi, pakankamai didelį plotą, kad būtų galima iškloti 8½ colio / 22 cm pyrago indo šonus ir dugną, taip pat papildomai pakabinti virš krašto. . Pyrago formą išklokite tešla, užpildykite žolelių mišiniu ir užlenkite tešlos perteklių ant įdaro krašto, apkarpydami tešlą, kad susidarytų ¾ colio / 2 cm kraštelis.

d) Padarykite kitą 5 filo sluoksnių rinkinį, suteptą aliejumi, ir padėkite juos ant pyrago. Tešlą šiek tiek pabraukite, kad susidarytų banguotas, nelygus viršus, ir nupjaukite kraštus taip, kad jis tiesiog padengtų pyragą. Aptepkite alyvuogių aliejumi ir kepkite 40 minučių, kol filo taps gražiai auksinės spalvos. Išimkite iš orkaitės ir patiekite šiltą arba kambario temperatūros.

98.Burekas

INGRIDIENTAI:
- 1 svaro / 500 g geriausios kokybės sviesto sluoksniuota tešla
- 1 didelis laisvai laikomas kiaušinis, sumuštas

RICOTTA ĮDALIS
- ¼ puodelio / 60 g varškės
- ¼ puodelio / 60 g rikotos sūrio
- ⅔ puodelio / 90 trupinto fetos sūrio
- 2 šaukšteliai / 10 g nesūdyto sviesto, lydytas

PECORINO ĮDALIS
- 3½ šaukšto / 50 g rikotos sūrio
- ⅔ puodelio / 70 g tarkuoto brandinto pecorino sūrio
- ⅓ puodelio / 50 g tarkuoto brandinto Čedaro sūrio
- 1 poras, supjaustytas 2 colių / 5 cm segmentais, blanširuotas, kol suminkštės, ir smulkiai supjaustytas (¾ puodelio / iš viso 80 g)
- 1 valgomasis šaukštas susmulkintų plokščialapių petražolių
- ½ šaukštelio šviežiai maltų juodųjų pipirų

SĖKLOS
- 1 šaukštelis nigelos sėklų
- 1 šaukštelis sezamo sėklų
- 1 šaukštelis geltonųjų garstyčių sėklų
- 1 šaukštelis kmynų
- ½ šaukštelio čili dribsniai

INSTRUKCIJOS:
a) Tešlą iškočiokite į du 12 colių / 30 cm kvadratus, kurių kiekvienas yra ⅛ colio / 3 mm storio. Tešlos lakštus dėkite ant kepimo popieriumi išklotos skardos – jie gali gulėti vienas ant kito, o tarp jų – pergamento lakštą – ir palikite šaldytuve 1 val.
b) Kiekvieną įdaro ingredientų rinkinį sudėkite į atskirą dubenį. Išmaišykite ir atidėkite. Sumaišykite visas sėklas dubenyje ir atidėkite.
c) Kiekvieną tešlos lakštą supjaustykite į 4 colių / 10 cm kvadratus; iš viso turėtumėte gauti 18 kvadratų. Pirmąjį įdarą tolygiai paskirstykite per pusę kvadratų, šaukštu uždėkite ant kiekvieno kvadrato vidurio. Du gretimus kiekvieno kvadrato kraštus aptepkite kiaušiniu ir perlenkite kvadratą per pusę, kad susidarytų trikampis. Išstumkite orą ir tvirtai suspauskite

šonus. Kraštelius norisi labai gerai prispausti, kad gaminant neatsidarytų. Pakartokite su likusiais tešlos kvadratėliais ir antruoju įdaru. Dėkite ant kepimo popieriumi išklotos skardos ir šaldykite šaldytuve bent 15 minučių, kad sutvirtėtų. Įkaitinkite orkaitę iki 425°F / 220°C.

d) Aptepkite du trumpus kiekvieno tešlos kraštus kiaušiniu ir pamerkite šiuos kraštus į sėklų mišinį; tereikia nedidelio kiekio sėklų, vos ⅙ colio / 2 mm pločio, nes jos gana dominuoja. Kiekvieno pyrago viršų taip pat patepkite kiaušiniu, vengdami sėklų.

e) Įsitikinkite, kad pyragaičiai yra maždaug 1¼ colio / 3 cm atstumu vienas nuo kito. Kepkite nuo 15 iki 17 minučių, kol viskas bus auksinės rudos spalvos. Patiekite šiltą arba kambario temperatūros. Jei kepimo metu dalis įdaro išsiliejo iš pyragų, švelniai įdėkite jį atgal, kai jie pakankamai atvės, kad galėtumėte juos apdoroti.

99.Ghraybeh

INGRIDIENTAI:

- ¾ puodelio plius 2 šaukštai / 200 g ghi arba skaidraus sviesto, iš šaldytuvo, kad jis būtų kietas
- ⅔ puodelio / 70 g konditerinio cukraus
- 3 stiklinės / 370 g universalių miltų, išsijotų
- ½ šaukštelio druskos
- 4 šaukštai apelsinų žiedų vandens
- 2½ šaukštelio rožių vandens
- apie 5 šaukštai / 30 g nesūdytų pistacijų

INSTRUKCIJOS:

a) Stacionariame maišytuve su plakimo priedu suplakite ghi ir konditerijos cukrų 5 minutes, kol taps purus, kreminis ir blyškus. Plaktuvą pakeiskite plakikliu, suberkite miltus, druską, apelsinų žiedų ir rožių vandenį ir maišykite apie 3–4 minutes, kol susidarys vienalytė, lygi tešla.
b) Apvyniokite tešlą į plastikinę plėvelę ir šaldykite 1 valandą.
c) Įkaitinkite orkaitę iki 350°F / 180°C. Suimkite tešlos gabalėlį, sveriantį apie ½ uncijos / 15 g, ir susukite į rutulį tarp delnų. Šiek tiek išlyginkite ir padėkite ant kepimo popieriumi išklotos skardos. Pakartokite su likusia tešla, išdėliodami sausainius ant išklotų lakštų ir gerai išskirdami juos vienas nuo kito. Į kiekvieno sausainio centrą įspauskite 1 pistaciją.
d) Kepkite 17 minučių, įsitikinkite, kad sausainiai neįgauna jokios spalvos, o tiesiog iškepa. Išimkite iš orkaitės ir palikite visiškai atvėsti.
e) Sausainius laikykite sandariame inde iki 5 dienų.

100.Mutabbaq

INGRIDIENTAI:

- ⅔ stiklinės / 130 g nesūdyto sviesto, lydyto
- 14 filo tešlos lakštų, 12 x 15½ colio / 31 x 39 cm
- 2 puodeliai / 500 g rikotos sūrio
- 9 uncijos / 250 g minkšto ožkos pieno sūrio
- sutrintų nesūdytų pistacijų, papuošti (nebūtina)
- SIRUPAS
- 6 šaukštai / 90 ml vandens
- suapvalinti 1⅓ puodeliai / 280 g labai smulkaus cukraus
- 3 šaukštai šviežiai spaustų citrinų sulčių

INSTRUKCIJOS:

a) Įkaitinkite orkaitę iki 450°F / 230°C. Maždaug 11 x 14½ colio / 28 x 37 cm dydžio kepimo skardą su sekliais kraštais ištepkite ištirpintu sviestu. Ant viršaus paskleiskite filo lakštą, sukiškite jį į kampus ir leiskite kraštams pakibti. Viską aptepkite sviestu, ant viršaus uždėkite kitą lakštą ir vėl patepkite sviestu. Kartokite procesą, kol tolygiai sudėsite 7 lakštus, kurių kiekvienas išteptas sviestu.

b) Rikotos ir ožkos pieno sūrį suberkite į dubenį ir sutrinkite šakute, gerai išmaišykite. Paskleiskite ant viršutinio filo lapo, palikdami ¾ colio / 2 cm laisvos aplink kraštą. Sūrio paviršių aptepkite sviestu ir ant viršaus uždėkite likusius 7 filo lakštus, kiekvieną iš eilės aptepdami sviestu.

c) Žirklutėmis nupjaukite maždaug ¾ colio / 2 cm nuo krašto, bet nepasiekdami sūrio, kad jis gerai išliktų kepinyje. Pirštais švelniai pakiškite filo kraštus po tešla, kad gautumėte tvarkingą kraštą. Viską sutepkite daugiau sviesto. Aštriu peiliu supjaustykite paviršių maždaug 2¾ colio / 7 cm kvadratais, kad peilis beveik pasiektų dugną, bet ne iki galo. Kepkite 25–27 minutes, kol taps auksinės spalvos ir traškūs.

d) Kol tešla kepa, paruoškite sirupą. Į nedidelį puodą supilkite vandenį ir cukrų ir gerai išmaišykite mediniu šaukštu. Uždėkite ant vidutinės ugnies, užvirinkite, supilkite citrinos sultis ir švelniai troškinkite 2 minutes. Nukelkite nuo ugnies.

e) Išėmus iš orkaitės pyragą lėtai užpilkite sirupu ir įsitikinkite, kad jis tolygiai įsigers. Palikite 10 minučių atvėsti. Jei naudojate, pabarstykite susmulkintomis pistacijomis ir supjaustykite porcijomis.

IŠVADA

Baigdami savo skoningą kelionę po „Esminę libaniečių kulinarijos knygą", tikimės, kad patyrėte Libano virtuvės meno įvaldymo ir ryškių Libano skonių pateikimo ant jūsų stalo džiaugsmą. Kiekvienas receptas šiuose puslapiuose yra šviežumo, drąsos ir svetingumo šventė, kuri apibūdina Libano patiekalus – tai liudija apie turtingą skonių gobeleną, dėl kurio virtuvė tokia mylima.

Nesvarbu, ar mėgavotės humuso paprastumu, žoline tabbule, ar pasimėgavote kibeh ir shawarma turtingumu, tikime, kad šie receptai uždegė jūsų aistrą libanietiškam kulinarijos gaminimui. Be ingredientų ir technikų, Libano virtuvės meno įvaldymo koncepcija gali tapti ryšių, šventės ir kulinarinių tradicijų, kurios suburia žmones, dėkingumo šaltiniu.

Toliau tyrinėdami Libano virtuvės pasaulį, „PAGRINDINĖ LIBANO KURIŲ KNYGA" gali būti jūsų patikimas draugas, padėsiantis jums gaminti įvairius patiekalus, kuriuose užfiksuota Libano esmė. Čia galite mėgautis drąsiais ir aromatingais skoniais, dalintis maistu su artimaisiais ir jaustis šiluma bei svetingumu, kurie apibūdina Libano virtuvę. Sahtein!